Sur l'amour

Michel Cymes, Patricia Chalon

Sur l'amour

MARABOUT

Sommaire

Avant-propos

« Décidément, on ne se comprend pas du tout… Comme si on ne parlait pas la même langue ! » C'est, à peu de chose près, en ces termes, que s'achèvent bon nombre de discussions entre hommes et femmes.

Finalement, une fois la crise passée, nous réalisons que malgré notre amour, notre bonne foi, et nos efforts, il s'agissait, bien entendu, d'un énorme… malentendu. C'est justement pour essayer de dissiper ce malentendu, parce que nous sommes un homme et une femme, ami.e.s de longue date, l'un médecin, l'autre psychologue, que l'envie nous a pris d'apprendre à nous connaître, afin d'avoir une vraie chance de mieux comprendre le langage de l'autre, malgré nos évidentes différences.

Pour cela, nous avons dû observer et décoder les rouages de l'étrange besoin qu'ont des hommes et des femmes qui s'aiment de s'imposer un mode de vie, dans lequel chacun.e finit parfois par se sentir contraint.e lorsque la passion n'y est plus.

Nous avons cherché, dans nos pratiques respectives, ce qui pouvait expliquer, d'un point de vue psychologique et médical, les différences de comportement. Nous avons organisé des rencontres – mixtes bien sûr –, exploré de nombreux sites et blogs, et demandé à la jeune génération qui nous entoure d'en faire autant, parce que nous sommes tous deux définitivement *vintage*, que le monde tourne trop vite, et que nous voulions comprendre en quoi leur vision des choses différait de la nôtre. Au menu de chaque réunion, en plus d'un enregistreur ouvert, cinq ou six mots relatifs à l'amour étaient proposés, et tout de suite les questions et les réponses fusaient. Tous se « lâchaient » tellement que nous en étions nous-mêmes parfois un peu gênés.

Bien évidemment, tous les hommes du monde et toutes les femmes du monde n'ont ni le même vécu, ni le même ressenti. Par ailleurs, on retrouve chez les hommes et les femmes des traits de caractère semblables. Pourtant, nous avons acquis la certitude qu'il existe, pour tou.te.s, des lignes de force sexuées qui ont été chaque fois, pour nous, sources d'étonnement, de réjouissance, et de bonheur.

Admiration

« *On est jaloux en admiration comme en amour.* »
(Jules Renard)

Nous sommes tous et toutes admiré.e.s par quelqu'un, parfois sans le savoir ; seul l'autre détecte nos dons et nos talents. Cependant, même s'il fait partie de l'amour, quand ce sentiment n'est lié qu'au paraître, il nous éloigne de l'être cher. Peut-être aussi de nous-même, car, en nous comparant à l'objet de notre amour et de notre admiration, nous nous dévalorisons. Ce type de relation condamne à la fois la personne qui admire et la personne admirée, laquelle, poussée à demeurer sur son piédestal pour ne pas décevoir, finit par fuir une si encombrante fascination.

Nous considérons avec plaisir, étonnement et convoitise celui ou celle dont la grâce, le savoir, le talent nous échappent, et nous attirent. Par envie de lui plaire et par crainte de lui déplaire, nous l'apprivoisons par des artifices censés nous valoriser : vêtements, parfum, mensonges, etc. Or, si l'admiration s'avère réciproque et évolue vers l'amour, ces faux-semblants n'ont plus de place. Nous devons laisser l'autre découvrir – et nous faire découvrir –, non plus ce que nous voudrions être, mais ce que nous sommes, sans fard ni vernis. C'est là notre seule chance d'être pris.e en considération pour de bonnes raisons, tout en préservant le mystère qui suscite l'envie de séduire l'autre.

Les raisons pour lesquelles nous tombons en admiration sont très diverses, et parfois hors du champ de notre conscience, comme si une illusion d'optique venait, pour un temps, perturber notre jugement. Cela ressemble à la période fusionnelle de l'enfance, quand nous croyions que notre mère était la plus forte, et notre père le plus beau, jusqu'à ce que vienne le temps de la désillusion. Pour obtenir l'attention dont nous avons manqué dans l'enfance, certain.e.s d'entre nous peuvent aller jusqu'à provoquer les catastrophes qui permettront de se poser en sauveurs (pompiers pyromanes, anesthésistes qui euthanasient, personnes atteintes du syndrome de Münchhausen par procuration, etc.).

Pour que l'amour dure, chacun doit se sentir fier de l'autre, et heureux d'en être fier. Certains couples, même après de longues années de vie commune, continuent de s'extasier ; pour d'autres, l'admiration ressurgit de temps en temps ; pour d'autres encore, la routine et les rancœurs ont pris toute la place.

Patricia

« *L'admiration est le sentiment qui se fatigue le plus promptement chez l'homme.* » (Honoré de Balzac)

Vous nous aviez promis la lune, vous alliez la décrocher pour nous, qui n'en demandions pas tant ; vous deviendriez grand architecte, chercheur d'or ; les films de la Nouvelle Vague seraient de pâles reflets des séries B lorsque votre premier long-métrage, projeté sur grand écran, éblouirait le monde ! Au bout de quelques années, notre admiration, jusque-là sans bornes, a commencé à faiblir. Nous nous serions bien contentées de la regarder avec vous, la lune, si seulement vous aviez organisé un week-end – surprise au bord de la mer.

Après tant de nuits passées à chercher le moyen de promouvoir vos talents, à vous entendre gémir : « Tout ça, c'est la faute des autres, qui n'ont rien compris », nous avons accepté l'idée que vous ne seriez jamais que ce que vous êtes : un père formidable, un amant sensationnel, un homme généreux, même s'il gagne très peu.

Et puis, à force d'entendre les autres vanter vos talents multiples, de voir l'admiration sans bornes qu'ils vous portent, nous nous sommes lassées de n'avoir à la maison qu'une pâle copie de cet être extraordinaire, que nous envie tout un chacun – toute une chacune surtout ! L'admiration a totalement disparu, lorsque vous avez voulu nous persuader que tous vos échecs étaient notre faute. Alors, déçues, nous sommes tentées de trouver une autre personne à admirer. Certaines, fidèles à l'engagement amoureux du début « pour le meilleur et pour le pire », s'y conforment avec bravoure jusqu'au bout.

Michel

On ne vous demande pas de vous pâmer à chaque dîner en citant nos faits d'armes, ni de conclure nos anecdotes par : « N'est-il pas formidable ? » Juste de nous faire sentir que vous êtes – un peu – fières de nous.

Est-ce que ça vous écorcherait de nous dire : « Bravo ! » après qu'on a passé la matinée à déboucher l'évier ? Est-ce une vengeance ? Nous oublions nous-mêmes souvent de vous dire combien nous vous admirons… Nous doutons de nous plus que vous ne pensez ; sous notre côté : « grande gueule » se cache souvent un grand dadais pas sûr de lui. Alors, vous entendre prendre des nouvelles de notre carrière, vous sentir vraiment intéressées par nos réponses nous fait un plaisir fou, même si nous n'en montrons rien. Mais attention, n'en faites pas trop ! Rappelez-vous le dîner où une femme insupportable ponctuait ses phrases par : « Mon mari aussi, il fait ceci ; mon mari aussi, il est comme ça… »

Notre grand défaut, par pudeur, par gêne, par bêtise, peut-être par orgueil, c'est de ne pas vous dire assez l'admiration que nous vous portons. Nous sommes conscients que vous en faites beaucoup pour la famille, en plus de votre travail. Sur tout ça, on a mis des mots, qui résument la situation, mais surtout qui nous font réaliser que, sans vous, rien ne serait possible. Pourrions-nous assumer la fameuse charge mentale que vous subissez du matin au soir ? Pas sûr… Alors oui, nous sommes remplis d'admiration !

Ami.e.s

« *L'amitié naît lorsque l'on a pour l'autre une estime supérieure à celle qu'on a pour soi-même.* »
(Friedrich Nietzsche)

La passion amoureuse nous amène parfois à délaisser nos amis, qui ne le vivent pas toujours très bien. Il arrive même qu'en s'isolant dans leur nid d'amour, les deux acteurs du couple découragent si douloureusement les autres que ceux-ci finissent par renoncer… pour un temps.

Heureusement, les vrais amis et amies ne restent jamais à l'écart très longtemps. Loin d'elles et d'eux, une bouffée de nostalgie nous envahit. Leur présence et leur soutien – surtout lors d'une mauvaise passe – sont d'autant plus précieux que, contrairement à l'être aimé, ils connaissent tous nos défauts, pourtant ils nous aiment !

Ils et elles ne nous voient pas comme la moitié d'un couple, mais comme la personne entière qu'ils et elles connaissent, parfois depuis l'enfance.

La vie de couple devrait-elle nous obliger à faire le sacrifice de nos proches ? Oui, prétendent les pervers narcissiques. Ceux-ci exigent ce dépouillement sur l'autel de l'exclusivité, afin de mieux nous mettre sous emprise, et nous éloignent de nos racines affectives en prétendant nous aimer. Il faut parfois des années pour s'en apercevoir, et avoir la force d'appeler à l'aide les amis et amies, ou les professionnels.

Les ami.e.s qui ne nous trahiront pas ni ne retourneront jamais contre nous nos confidences sont d'autant plus précieux qu'ils se comptent sur les doigts de la main. Les réseaux sociaux donnent aux plus jeunes l'illusion d'être entourés d'une foule d'amis et amies dont la proximité (?) se compte en centaines de « likes » ; les mêmes qui, au moindre faux pas, se transformeront en autant d'ennemis, de harceleurs poussant des adolescents fragiles à la dépression, ou pire…

Patricia

Nous avons des amies, évidemment, et nous pouvons aussi avoir de véritables amis ! Nos amis masculins nous font approcher, sans fard ni vernis amoureux, l'univers clos de leur clan. Ils nous servent alors un peu de référence, de traducteurs personnels. Et croyez-nous, sur une île déserte pendant une année, il ne se passerait rien de louche avec aucun d'eux. (Quoique…)

Oui, l'amitié d'une femme avec une femme est un lien fort, tortillé, torsadé par les fils de la solidarité, de l'empathie et de la tendresse. Malgré tout, le mot « sororité » résonne autrement que le mot « fraternité » à vos oreilles, comme s'il s'agissait d'une relation un peu infantile, au rabais.

Nous savons pourtant tout lâcher pour venir au secours d'une amie, et l'écouter sangloter entre nos bras durant des heures. De même, nous sommes présentes pour partager les moments de bonheur, ou pour nous rappeler mutuellement à l'ordre, quand nous sommes « à ça » d'oublier à quel point vous êtes formidables !

Michel

Sur la définition de l'amitié, nous sommes aussi précis, et pointus, qu'exigeants. Des copains, nous en avons des tonnes, mais des amis, très peu ! Le moindre faux pas, la plus petite déception ou le plus minuscule mensonge peuvent rétrograder l'ami au rang de copain. Et il faudra longtemps avant qu'il retrouve son statut. Eh oui ! nous sommes comme ça. Nous pensons être – à tort ou à raison – irréprochables dans ce domaine, capables de tout donner pour aider l'un de nos plus proches amis. Et ce tout s'avère pesant pour vous. Car ils sont là souvent, parfois trop présents. Pas un week-end, pas une soirée et pas même d'heureux événement sans eux, toujours eux ! C'est vrai, nous sommes excessifs, au point de les faire passer avant vous.

Nous avons aussi des amies, dont quelques-unes (rares) sont au courant de « confidences » que même vous, notre amour le plus cher, ne soupçonnez pas. Rien de répréhensible, juste un petit jardin secret que nous avons.

Alors oui, quand nous ne sommes pas sur votre longueur d'onde, que nous avons besoin d'un éclairage XXL, nous comptons sur l'amie qui nous décryptera les hiéroglyphes de vos réactions ; celle qui n'hésitera pas à nous faire admettre que, décidément, on ne comprend rien…

Amour

« *L'amour, il y a ceux qui en parlent, et il y a ceux qui le font. À partir de quoi il me paraît urgent de me taire.* » (Pierre Desproges)

L'amour donne le sentiment divin d'être élu.e sans l'avoir mérité, par pur « caprice des dieux ». Et cela conforte, par sa déraison même, l'idée que seul « l'amour fou » est capable de transformer un mortel ordinaire en un être choisi, unique, donc exceptionnel. À la sensation enivrante d'être enfin cette personne exceptionnelle, s'ajoute la peur de ne plus l'être dans le regard de l'autre. Et l'imprégnation d'ocytocine fait que l'on se retrouve en état de dépendance amoureuse pour plusieurs mois !

Entre le premier et le dernier soupir, l'amour joue des tours, devenant tantôt l'aventure la plus douce, tantôt la plus douloureuse. S'y entremêlent la sagesse, la folie, l'aveuglement, le désir, la jalousie, le plaisir, les disputes, la magie, le chagrin, l'indigestion. Surtout l'incompréhension, et le malentendu, entre les hommes, qui conçoivent leur projet de vie avant de s'adjoindre une compagne, et les femmes, qui choisissent un compagnon avant d'échafauder leur vie à partir de lui.

Bien que peu en sortent indemnes, la plupart des personnes qui s'y sont écorchées ne regrettent pas d'avoir fait le voyage. Certaines amours s'effacent. D'autres laissent dans la mémoire des traces si profondes que, à peine la blessure précédente est-elle cicatrisée, tout est mis en œuvre pour retrouver l'exaltation d'un nouvel amour. Pour y parvenir, tous les moyens sont bons : clubs et sites de rencontres, et pour les plus jeunes, les réseaux sociaux. Tant de promesses et de serments échangés par écrans interposés, dont très peu parviendront aux oreilles des dieux ! Pourtant, l'amour procure une telle puissance qu'il devrait être le moteur exclusif de l'humanité.

Patricia

« *Une femme sans homme, c'est comme un poisson sans bicyclette.* » (Pierre Desproges)

L'un des premiers malentendus : vous nous désirez avant de nous aimer, alors que nous construisons un roman avant de vous désirer. Naturellement prédisposées à nous investir corps et âme dans l'amour, nous entamons dès l'enfance notre quête obstinée de quelqu'un à aimer. Du plus anodin au plus sérieux, nos actes et nos efforts tendent vers le but suprême : vous découvrir, vous séduire, et capter votre amour. Le chemin est long, mais « c'est sûr, quelque part, quelqu'un nous attend, et nous y avons droit ! Patience, nous serons bientôt radieuses pour l'autre, qui rendra notre vie plus belle. »

Ce sentiment, qui nous transporte, et nous enrichit n'est pas acquis *ad vitam æternam*. Prêtes à tout pour le ranimer, le renouveler, et avec votre aide, faire triompher la constance amoureuse au-delà des difficultés, nous acceptons pourtant l'éventualité de l'échec. Et puis un jour, nous sommes aussi capables de dire : « J'ai aimé mon mari ; je ne l'aime plus. » C'est le risque encouru si, dès le début, l'on confond l'état amoureux avec l'amour lui-même. Déjà, quand l'amour est sincère, il est compliqué de veiller à nourrir son feu ; alors, quand il n'y a que le désir, ou la peur de la solitude, c'est mission impossible. Savoir que l'on peut aimer sans désirer et désirer sans aimer permet, parfois, de demeurer lucide, et de se reprendre avant de se perdre…

Avant d'en arriver à ce point de non-retour, nous préférerions confronter nos différences avec les vôtres, par notre curiosité d'en apprendre encore plus sur vous, sur nous, sur ce qui nous entoure. Ce serait un moyen passionnant de durer. Au lieu de subir l'ordinaire de la vie commune quotidienne, nous en deviendrions les auteur.e.s, les actrices et acteurs enchantés de jouer la même pièce, encore et encore.

Michel

« *Ce n'est pas parce que l'homme a soif d'amour qu'il doit se jeter sur la première gourde !* » (Pierre Desproges)

Même si nous ne l'exprimons pas toujours comme vous, l'amour est un sentiment que nous ressentons de façon aussi forte, aussi soudaine et bouleversante que vous. Nous restons littéralement sidérés quand on « tombe amoureux » ; cette expression évoque le risque de « tomber en état de dépendance » en abandonnant la maîtrise de nous-mêmes. C'est évident : l'amour passionnel nous fait perdre le sens des réalités, ainsi qu'une part non négligeable de nos capacités au boulot. En accaparant nos neurones, nos pensées, notre agenda, il nous rend vulnérables, c'est-à-dire le contraire de ce pour quoi nous croyons être faits. Nous ne dirigeons plus notre conduite ; nous sommes à votre merci. Seulement, l'amour se moque des résolutions prises après la dernière aventure ; il suffit qu'une autre histoire surgisse, et nous voilà neufs, sans mémoire, presque sans expérience. Démunis et ravis. Serge Gainsbourg constatait qu'« *on aime une femme pour ce qu'elle n'est pas ; on la quitte pour ce qu'elle est* ». Nous imaginons que vous pouvez en dire autant à propos de nous…

Les neurosciences nous enseignent l'incidence des hormones de la passion amoureuse sur nos capacités neuronales. Au niveau de notre lobe frontal, notre sens critique s'altère, et la zone de résistance à la tentation passe en veille. Ainsi désinhibés, surmotivés par la dopamine, transportés par l'afflux de sérotonine, nous sommes les jouets d'un tsunami émotionnel. Ce séisme nous apprend à nous dépasser, à nous élever plus haut que nous-mêmes, pour voir de plus loin nos aptitudes à être meilleurs.

Amoureu.x.se

Si l'on écoute attentivement un petit enfant, puis un.e adulte, parler de « son amoureux, ou amoureuse », les mots employés et les ressentis sont les mêmes. C'est avec des étoiles dans les yeux qu'ils ou elles expliquent qu'il ou elle lui a pris la main, qu'il ou elle est « troooop » beau ou belle, etc. Quelles que soient les voies qu'il emprunte pour nous tomber dessus, l'amour est reçu comme un cadeau des cieux ! Ce qui se passe lors d'une rencontre dite amoureuse est un accident imprévisible, un élan irrésistible vers une personne dont on ne sait rien, ou peu de choses.

À cet instant, le cerveau réagit plus vite que la volonté. L'hippocampe filtre l'image de l'autre au tamis des souvenirs, puis le cortex orbitofrontal s'assure que cette personne va plaire, et ordonne à l'aire segmentant de lâcher la dopamine (hormone du désir), ce qui déclenche la décision. Ce n'est pas encore l'amour, mais ses possibles prémices. L'on se sent aimanté.e, désarmé.e, différent.e de celui ou celle qu'on était quelques minutes avant, et l'on devine que cette métamorphose est irréversible. L'on est littéralement prêt.e à « tomber amoureux ou amoureuse », même si l'aventure restera éphémère.

Patricia

Nous avons presque tout le temps la sensation d'être les gardiennes unilatérales du sentiment amoureux, pour la simple raison qu'il nous est indispensable pour vivre. C'est le carburant qui fait vibrer notre moteur, qui lui transmet force et énergie. Lorsque vous ne nous donnez plus les signes manifestes prouvant que vous êtes toujours l'amoureux qui nous faisait frissonner au début, telle une plante privée d'eau, le dessèchement nous gagne peu à peu ; le désenchantement aussi, en nous révélant notre inutilité, tandis que nous nous pensions irremplaçables.

Il est vrai que le sentiment amoureux s'accorde mal avec la vie quotidienne et ce qu'elle engendre de médiocrité. Pourtant, si nous sommes prêtes à vous aimer quand même, il n'est pas moins vrai que nous conservons une grande nostalgie pour ce début, qui fut l'un des plus beaux moments de notre existence ; les choses du commencement semblent toujours plus grandes, plus brillantes. Sans doute sommes-nous un peu victimes de notre manière de réfléchir car, prises dans le tourbillon, nous avions probablement pris pour un état amoureux ce qui n'était, de votre part, qu'un désir et une envie de le satisfaire au plus vite, et cela nous emplit de chagrin.

Michel

D'un coup, sans que rien le laisse prévoir, nous nous immobilisons, le cortex visuel chauffe devant une démarche, une chevelure, une silhouette, un visage rieur, et nous voilà dans l'émotion, le cœur bruyant, la chemise moite sous les aisselles, une grande tension sous la ceinture, et les pupilles écarquillées, en état de stupeur. Nous pourrions rester comme ça, statufiés, complètement niais. Heureusement, la *substance noire* de notre cerveau libère alors assez de *dopamine* (bien nommée). C'est ce précieux neurotransmetteur qui nous dope le temps de traverser l'avenue, d'aborder la fille sans bégayer, et qui nous donne la sensation de bien-être, grâce à laquelle nous pourrons guider cette ravissante personne vers une terrasse pour deux cafés. Au retour de cette fugue, dont vous devinez qu'il y a eu plus, puisqu'il y a eu affinités, quelque chose en nous a changé ; nos glandes ont si bien travaillé que les copains nous démasquent, et nous interrogent. « D'accord, mais… t'es amoureux ou pas ? » Voilà l'une des questions le plus souvent posées quand on leur parle d'une rencontre récente, ou de la femme qui partage plus ou moins notre vie depuis un petit moment. Notre réponse est à peu près invariable : « Euh, oui, enfin, je crois… Je suis bien avec elle, c'est vraiment une fille super. »

Étonnant ! Comme si le fait d'avouer qu'on est amoureux nous brûlait la langue ! On dirait que c'est pécher ! Ou que notre cerveau néandertalien n'arrive pas à mettre un mot sur ce que nous ressentons.

Vous, en revanche, quand vous êtes amoureuses, vous avez envie de le crier partout, de l'écrire sur vos chemisiers, sur votre pare-brise ; vous appelez toutes vos copines, vos parents… Bref, ça vous rend heureuses !

Nous, au début, ça nous rend malades, renfermés, anorexiques. Tout se passe comme si nous avions honte de le dire, comme si c'était incompatible avec notre virilité ! Peut-être est-ce tout simplement l'idée d'être dépendants qui nous paralyse ? Ah ! Cette sacrée liberté à laquelle nous tenons tant… Et puis, séducteurs comme nous sommes, être amoureux et le dire, n'est-ce pas renoncer à d'éventuelles opportunités ?

Argent

« *Nous ne pensons qu'à l'argent : celui qui en a pense au sien, celui qui n'en a pas pense à celui des autres.* » (Sacha Guitry)

Marié, pacsé, libre, chaque couple a sa manière de fonctionner : compte commun pour les uns, comptes séparés pour d'autres, et pour d'autres encore : deux comptes séparés, plus un compte joint pour les charges communes. N'empêche, chacun vit l'argent différemment, et souvent dans le conflit… Car c'est de bien autre chose qu'il s'agit. De l'un qui tique à la moindre dépense, à l'autre qui dilapide joyeusement le compte commun au poker ou en nouveaux wagons pour compléter son train miniature, il existe un large éventail de personnes que l'argent déboussole. De l'angoisse, quand on en a manqué, à la légèreté quand on en a toujours eu, le relevé de compte régale, apaise, encombre, fascine, agace, rassure ou dévaste. Bien imprudents celui et celle qui se disent « oui » sans avoir évoqué cette épineuse question ! Il suffit de ne pas être « raccord » avec la névrose de l'autre pour qu'un énorme malentendu s'insinue jusqu'à la rupture.

À condition de s'armer de courtoisie, d'humour et de temps, il n'est jamais trop tôt pour « régler ses comptes », au propre comme au figuré. Quand les deux partenaires décident de parler de leurs finances, ce ne sont plus deux êtres soudés par la tendresse, mais deux maquignons au marché à bestiaux. Pourquoi ? Parce que l'argent est un prétexte (partie émergée de l'iceberg) à évoquer le conflit latent (partie immergée). Quand on pose sur un plateau de la balance ce qu'on a apporté de patience, de tolérance, de compromis, d'attentions, d'amour, et bien sûr d'argent, c'est l'amour qui souffre. Car on a beau clamer avec panache que « quand on aime on ne compte pas », la réalité est têtue : à l'heure revancharde, tout est pris en compte ! Nous le vérifierons au chapitre Divorce…

Patricia

Lorsque les deux travaillent, le choix des dépenses se fait d'une manière à peu près équilibrée. À peu près seulement, car les dernières statistiques s'obstinent à constater que, pour un même poste, quel qu'en soit le niveau de responsabilité, une femme gagne en moyenne 25 % de moins qu'un homme ! Cette injustice flagrante vous dérange d'autant moins que votre virilité, décidément susceptible, se sent encore bafouée lorsque notre salaire est supérieur au vôtre. Si, d'un commun accord, nous faisons l'impasse sur notre carrière, sur nos revenus personnels, pour nous consacrer au fonctionnement de la maison et aux enfants, nous n'imaginons pas immédiatement les conséquences de cette décision.

Ainsi investis des pleins pouvoirs que vous prête l'argent que vous rapportez, vous oubliez de comptabiliser les milliers d'euros que nous vous faisons gagner ; notamment en remplaçant l'employé.e de maison, la nounou, la gardienne des enfants, et en remplissant le congélateur de surgelés coûteux, etc.

Ne prenons pas pour modèles les privilégiées dont les salaires égalent ceux de leurs collègues masculins ni celles qui, malgré un salaire inférieur, ont cependant les moyens d'élever décemment leurs enfants ; quand celles-ci réalisent que, décidément, elles n'aiment plus leur compagnon, au moins ont-elles de quoi le quitter. Pensons surtout au grand nombre de femmes qui, même martyrisées, n'ont pas les moyens de s'enfuir, puisque l'argent reste le nerf de toute guerre.

Pauvres ou riches, nous vous aimons, mais si vous-mêmes ne vous aimez pas en hommes pauvres, vous nous faites payer très cher notre salaire plus élevé que le vôtre ! Que nous soyons cheffes d'entreprise, rentières, agricultrices, avocates ou chirurgiennes, nous devons faire en sorte de vous dissimuler nos revenus, pour que votre honneur soit sauf. Heureusement, la nouvelle génération nous donne de vraies raisons d'espérer, en partageant allègrement – et de manière équitable – les frais de sorties, de dîners, de réceptions, de voyages, etc. Ces jeunes gens parviendront certainement à équilibrer leurs salaires sans développer vos ridicules psychoses.

Michel

Tant de situations différentes qu'il est difficile d'en parler… Entre le couple dont la femme est au foyer et celui où l'un travaille autant que l'autre mais pas pour le même salaire, rares sont ceux qui ne se sont pas bouffé le nez. Depuis les dépenses considérées par l'autre comme… inconsidérées, en passant par les conflits à propos des vacances, et de l'argent de poche pour les enfants (combien ? quand ?), tout devient compliqué, jusqu'à la voiture dont nous rêvons : hors de prix ? Hors de question !

Parfois, on tique : combien d'euros pour ce minuscule sac à main où vous ne pouvez pas ranger votre téléphone mobile ? Combien pour « faire vos mèches » ? Nous comprenons la dépense en contemplant votre chevelure étalée sur l'oreiller, puis en vous retirant le string de deux centimètres carrés et la septième paire de bas filée par impatience érotique… Oui, ça, on aime !

Parfois, on se prend un : « Sais-tu combien je te fais économiser en me chargeant des tâches domestiques et pédagogiques ? » Non. Mais permettez-nous de vous rappeler, avec la délicatesse qui nous caractérise, qu'avant 1914 vos grands-mères ne faisaient que ça, et pour rien d'autre que le bonheur de se consacrer à la famille. Supposant que le second degré serait malvenu, je renonce à discourir sur nos dépenses pour vous, de l'électroménager à l'institut de beauté. Ah ! Il est loin, le temps où vous nous murmuriez à l'oreille : « Je serai solidaire de tes choix ; tout ce que tu décideras me conviendra, du moment qu'on est ensemble. »

Avenir

« *Les femmes meurent souvent à petit feu du bon équilibre des hommes.* » (Violette Leduc)

Croire en l'avenir, c'est croire sans preuve, avec l'aide toute relative des probabilités… C'est un véritable acte de foi ! Mais pas uniquement. C'est plus sûrement une fonction naturelle, une émanation de l'instinct vital. Ramené à l'espace-temps dans lequel s'inscrit une existence humaine, notamment en France – plus de 82 ans, tout de même –, cela peut faire durer un couple jusqu'à une soixantaine d'années. Or l'avenir fourmille de rêves, de projections, de revanches, de paris, de promesses à tenir… Déjà très encombré de leurs deux passés respectifs lors de la rencontre, leur futur vaudra-t-il qu'on lui sacrifie le présent ? Jusque vers 1950, le mariage était le seul état qui donnait aux femmes un statut social, le droit à la sexualité, et le droit (le devoir aussi) d'avoir des enfants légitimes. La vie à deux, aujourd'hui, se déclare tout de suite dans le provisoire, elle n'est pas tracée d'avance ! Le destin n'exclut pas le libre arbitre, heureusement.

Pourtant, cela n'empêche pas de formuler des vœux, d'avoir des objectifs à plus ou moins long terme. La sagesse consisterait à ne pas brûler les étapes, à avancer lentement vers leur accomplissement et, puisque l'on ne voit pas ce qui reste à venir, à progresser en aveugle, en toute bonne foi.

Patricia

Est-ce que vous nous aimerez toujours demain matin ? Et dans une semaine ? Et dans un an ? Et pour toute la vie ? En somme, est-ce que nous avons un avenir ensemble ? Rien de moins sûr, si l'on en croit Alfred de Musset : « *Tous les hommes sont menteurs, inconstants, faux, bavards, hypocrites, orgueilleux et lâches, méprisables et sensuels*[1]. » Ce sont nos peurs qui font tourner en boucle ces questions dans nos esprits ; elles nous tordent les entrailles à l'idée que nous puissions être seulement « un bon coup parmi d'autres », une femme de passage, et non la créature exceptionnelle à côté de laquelle vous rêvez de vivre. Quoi de mieux que l'avenir pour se rassurer ? Pas encore né, le futur est déjà chargé de réparer le passé et le présent.

Au jour le jour, notre imagination se satisfait d'entendre la vôtre… lorsqu'elle s'exprime. Parlez-nous de construction en commun, de ce que nous allons faire ensemble dans les dix prochaines années, ceci bien que nous partagions la même salle de bains depuis dix ans. Inventez au besoin ; quand vous nous faites rêver, nous ne prenons pas de notes, nous rêvons, c'est tout. Peu

1. Alfred de Musset, *On ne badine pas avec l'amour*, II, 5.

nous importe que ces projets ne voient jamais le jour ; c'est le temps que vous avez consacré à nous parler qui compte vraiment. Apaisez ainsi, de temps en temps, notre âme torturée !

Michel

Ah ! l'avenir… vous n'avez que ça à la bouche ! Toujours savoir ce qu'on va faire demain. Les projets, toujours les projets. Pour nous, c'est d'abord le boulot. Toute la journée, on doit prévoir ce que sera notre avenir, celui de la boîte, nos revenus… En revanche, avec vous, on éprouve le besoin de vivre au jour le jour. Non, parler d'avenir ne nous fait pas peur ! Mais ce n'est déjà pas facile de vous dire « Je t'aime », alors « Je t'aimerai toujours »… C'est notre côté « pas sûr de nous » qui refuse de répondre à l'avance : « Est-ce que dans dix ans, j'aurai toujours envie d'elle ? Une fois les enfants partis, est-ce que je tiendrai le coup ? » C'est notre côté lucide aussi ; qui pourrait assurer l'autre de l'aimer au temps non seulement du futur immédiat, mais à celui du futur absolu ? Un baratineur, à coup sûr. S'engager à vivre ensemble, et à s'aimer pendant plus d'un demi-siècle, ça fait rêver qui, au juste ? Les inconscients, les débutants, les rêveurs, les fans d'Andersen. Aux autres, ça fait peur !

Ne pas parler d'avenir avec vous ne signifie pas qu'on n'y pense pas ; notre mutisme obstiné traduit notre difficulté à promettre ce dont nous ne sommes pas certains sur le moment présent. D'ailleurs, vous pourriez y reconnaître l'une de nos qualités.

Soyez certaines que nous vous aimons – de tout cœur et de tout corps – au moment où nous vous le disons. Après ? On verra… De toute façon, pour vous rassurer, Louis Aragon a écrit « L'avenir de l'homme est la femme », et Jean Ferrat a chanté : « La femme est l'avenir de l'homme. » Au fait… et vous ? Est-ce que vous nous aimerez encore quand nous devrons nous lever dix fois par nuit parce que notre prostate nous l'impose, quand nous ne pourrons plus vous faire l'amour qu'avec l'aide d'un petit comprimé ?

Avertissement

Ils sont des présages ; l'on y croit, ou l'on s'en moque, à nos risques et périls. Nous n'y accordons d'importance que s'ils rejoignent nos propres déductions. Tant d'erreurs et de négligences précèdent le premier avertissement…

Celui-ci s'exprime généralement par procuration, par exemple à l'occasion d'un film : « Comment peut-il rester avec une femme qui passe ses journées au téléphone ? »

« Elle tenait à lui, pourtant ! Il aurait dû s'intéresser à son projet de boutique… »

Plus tard, les messages sont directs : « Encore une soirée foot chez Jean-Paul ! » « Prends ton temps, surtout ! Quand tu seras prête, le restaurant sera fermé ! » Ces remarques acerbes révèlent, de part et d'autre, un grand besoin de considération et d'attention.

Fuir le dialogue en chargeant l'autre par des lieux communs : « Tu dérailles de plus en plus ! » annonce l'affligeante cascade d'insultes cruelles, qui fait basculer le couple dans une relation malsaine et annule toute chance de sortir du conflit.

Tant qu'il reste de l'amour, chacun espère que l'autre redressera la barre à temps. Et puis, sans qu'on s'en aperçoive, on franchit la limite au-delà de laquelle notre ticket n'est plus valable[2]. La répétition des menaces trahit l'incapacité des deux à communiquer. L'ultimatum survient quand, faute de trouver l'argument déterminant, l'un menace l'autre de partir.

Patricia

Au début, nous faisons part de nos agacements sur le ton de l'humour, pour éviter de vous blesser : « C'est comme ça qu'il faisait, ton papa, avec ta maman, quand tu étais petit ? » Puis avec plus d'insistance : « Ça serait vraiment bien si tu participais un peu plus aux tâches ménagères ! » Enfin, on rabâche, au risque de se faire traiter d'emmerdeuse, dès que sont lâchés nos « ras-le-bol » de trouver la maison dans un état pitoyable, après une journée de boulot, et d'être tenues pour responsables de tout ce qui va mal dans le couple !

Avant de baisser les bras, de renoncer à votre compréhensive collaboration, nous patientons longtemps. Et puis un jour, nous disons stop, et nous partons. Alors, vos amis ébahis demandent : « Tu n'avais rien vu venir ? » Non. Vous n'avez rien vu, rien entendu surtout, car, même brutal, notre départ n'est pas un coup de tête. Comment faites-vous pour ne pas entendre les avertissements qui précèdent toujours nos appels au

2. Romain Gary, *Au-delà de cette limite votre ticket n'est plus valable*, Gallimard, 1978.

secours ? Si ce livre ne devait servir qu'à cela, ce serait déjà une révolution !

Cependant, nous nous devons de faire notre autocritique. À force de mendier votre attention pour nous-mêmes, nous oublions parfois de faire attention à vous. Nous vous avons menacés du pire sans ciller. Qu'est-ce qui nous rend aussi dures par moments ? Un manque de tendresse dans l'enfance ? Une peur de l'abandon qui nous fragilise ? Mais pourquoi exiger de vous ce dont d'autres nous ont privées ? Puisqu'on vous a menacés de rompre, et puisque, sans doute épuisés par nos tirades, vous n'avez rien dit, rien fait pour nous en dissuader, nous quittons parfois la maison, tête haute comme dans les films, alors que nous souhaitions simplement vous entendre nous supplier de rester. Malheureusement, quand c'est vous qui partez, vous ne nous avez donné aucun avertissement préalable.

Michel

Attention, danger ! Les entendons-nous ? D'abord gentilles :

« Tu aimes ma nouvelle coiffure ? »

Ensuite compatissantes :

« Tu ne m'as pas embrassée… Des soucis au travail ? » Et rapidement plus fermes : « Tu ne m'as pas adressé la parole hier soir chez X. » Enfin, péremptoires : « Je suis devenue transparente ! » Vos avertissements étaient déjà des menaces. C'est à peine si l'on a tendu l'oreille au point d'orgue de ce crescendo. « De quoi tu parles ? Tu sais, mon travail, les soucis… » Alors vous partez. Pour nous, c'est la chute libre :

« Qu'est-ce que j'ai fait de mal ? Elle avait tout ! »

Tout, sauf nous. Tout, sauf la considération, l'impression d'exister pour nous au moins autant que nos copains, le foot et le tiercé. Décidément, on ne sait pas y faire. On vous aime ; on ne vous le montre pas. On pense que notre présence devrait suffire, alors que c'est de nos pensées dont vous avez besoin. Quand nous nous rappelons que nous avons mal agi, il est trop tard. Arrivés dans ce cul-de-sac, que pouvons-nous faire pour vous retenir ? Parler encore ? Mais nous sommes vaincus d'avance face à votre logorrhée. L'indignation vous rend si volubiles qu'il n'y a plus ni virgule ni point dans votre discours. À se demander comment vous respirez…

Trop tardive, notre prise de conscience ? C'est probable, mais pas certain. Rarement à la hauteur au rayon dialogue, il nous reste l'ultime recours, la botte secrète : la lettre !

Si nous vous aimons encore, si nous voulons votre retour, nous allons l'écrire, cette maudite lettre que vous réclamez depuis si longtemps. Parce que nous avons horreur d'être interrompus par vos remarques toujours percutantes. La lettre est postée, il suffit d'attendre…

Baiser

« *Un baiser, mais à tout prendre, qu'est-ce ? Un serment fait d'un peu plus près, une promesse plus précise, un aveu qui veut se confirmer, un point rose qu'on met sur l'i du verbe aimer ; c'est un secret qui prend la bouche pour oreille, un instant d'infini qui fait un bruit d'abeille, une communion ayant un goût de fleur, une façon d'un peu se respirer le cœur*[3]... » (Edmond Rostand)

Personne ne résiste à l'éloquence de Cyrano de Bergerac... Si les yeux sont les miroirs de l'âme, le baiser en est la première effraction. Il inaugure la confiance « les yeux fermés », où chacun reçoit le secret de l'autre.

Les neurosciences nous en livrent l'étonnante alchimie. Le baiser est un moyen d'échanger des informations biologiques, de stimuler notre système immunitaire, et de réduire notre niveau de cortisol (hormone du stress). Savoir qu'un baiser d'une minute brûle 26 calories et qu'il stimule les mêmes zones du cerveau que la cocaïne devrait nous inciter à favoriser l'exercice. Cela va donner à tous les couples l'envie de s'offrir régulièrement les ingrédients de cette potion magique ! En tétant, c'est

---

3. Edmond Rostand, *Cyrano de Bergerac*, 1897.

par ses lèvres et sa bouche que le nourrisson développe d'importantes voies neuronales dans son cerveau, et qu'il relie le contact labial au plaisir de satisfaire sa soif et sa faim. Comme chaque sensation forte du début de la vie, elle persistera dans sa mémoire sensitive et émotionnelle. La bouche reste à vie le lieu des plaisirs et… des dégoûts, car un baiser mal exécuté peut sonner la fin d'une histoire.

L'envie d'en savoir et d'en avoir toujours plus de l'autre pousse à l'approcher, le toucher et l'embrasser le plus souvent possible. D'ailleurs, en tant que premier acte affectueux et contact intime autorisé en public, le baiser est relié à l'amour plus qu'au sexe. Comment garder cette soif de l'autre ? Au bout de combien de temps de cohabitation les couples abandonnent-ils ce plaisir sensuel, pour ne plus s'embrasser que du bout des lèvres, sur une joue, sur le front pour se dire bonjour et au revoir ? « Vieux couple échange vie meublée, confortable et sécurisée, contre baiser volé sous porte cochère, même en plein courant d'air. »

Patricia

Un baiser passionné, un baiser pour rien, quand vous passez près de nous, avec l'envie de nous exprimer votre tendresse. Un baiser qui ne débouchera pas forcément sur autre chose, mais qui embellira notre journée, justement parce qu'il est gratuit. Un baiser comme ceux qui faisaient rougir les passants, quand nous ne pouvions nous empêcher de nous enlacer dans la rue… Voilà ce que nous aimons. Ensuite, vient le temps où le baiser ne sert plus que de salut matinal, d'accompagnement, de préliminaire ou, pire, d'encouragement lorsque nous nous retrouvons au lit, le soir. Baiser « peau de chagrin ». Cela ne nous suffit pas ! D'autant que, avant de nous dévêtir, nos lèvres sont la zone la plus érogène disponible immédiatement. Enlacez-nous, embrassez-nous : un baiser, pas forcément pour baiser.

« Qui trop embrasse mal étreint », affirmez-vous ? Nous répondons : « Qui nous embrasse bien nous tient ! » En plus d'être l'assurance d'un contact maintenu, vos baisers sont pour nous les bonbons qui nous consolent, nous apaisent, nous exaltent, nous affolent…

Vos baisers, les vrais, pas les petits « pointus » que vous nous piquez sur le front, provoquent dans tout notre corps des réactions chimiques qui, souvent répétées, nous rendent plus… moins… enfin, elles font de nous de rieuses gourgandines ! Quand nous nous plaignons de n'être pas assez embrassées, entendez le désenchantement, l'ennui et le désamour qui grondent sous nos phrases. Attention ! Le désir agonise.

Michel

« *Le baiser est la plus sûre façon de se taire en disant tout.* » (Guy de Maupassant)

Le mot vous plaît. Pas le verbe. Vous pensez que notre baiser n'est qu'une étape vers… Pourtant, avant l'ultime et sexuelle concrétisation de la conquête, c'est le baiser qui nous émeut le plus. Pour la première fois, notre corps va s'approcher du vôtre. On l'attend, ce moment ! On y songe, on l'imagine, on le répète, on s'y apprête… Un geste, et l'on recule. Nous risquons gros ! L'instant de se pencher sur vos lèvres, c'est le seuil d'une porte que vous allez nous ouvrir ou nous claquer au nez. Il est rare qu'un élan pulsionnel vous pousse à nous devancer par un « Embrasse-moi » comme au cinéma. Pourtant – c'est terrible – quelques années plus tard il nous est souvent impossible de nous en souvenir… Caprice de la mémoire ? Oubli volontaire mais inconscient ? Qui peut savoir…

Sur le plan biologique, lorsque nos lèvres s'unissent, que nos salives se mêlent, vous recevez un peu de notre testostérone qui, de baiser en baiser, augmente votre libido, ce qui nous convient bien ! Comment un simple baiser (avec la langue, quand même !) parvient-il à nous faire tant de bien ? Parce que ces quelques centimètres de contact direct stimulent le système nerveux sensitif au niveau de la bouche, entraînant la sécrétion d'hormones bienfaisantes (endorphines, dopamine, adrénaline et ocytocine, dite hormone de l'amour). Notre cerveau est si complètement sollicité par le premier baiser, et les sensations en sont si neuves, si intenses, qu'on n'oublie jamais ce premier baiser. On n'oublie pas non plus la mononucléose transmise par la salive momentanément toxique de la copine de collège, ni la fatigue déprimante qui s'ensuivit pendant des mois, ni sa présence définitive au sein de nos ganglions. En effet, même donné avec amour et innocence, le *French Kiss* peut transmettre rhume, herpès, grippe, hépatite B, etc.

Mais il y a aussi la technique. Pardon, mais il faut en parler : par pitié, ne nous aspirez pas jusqu'aux amygdales ; ne laissez pas les marques de vos dents sur nos lèvres, faites preuve de douceur et de sensualité par de légers effleurements.

Nos lèvres sont à vous, mais ne partez pas avec !

Beauté

« *Les miroirs feraient bien de réfléchir avant de renvoyer les images.* » (Jean Cocteau)

La laideur physique n'empêche pas d'être séduisant ou séduisante, si l'on est doté de cette force immatérielle, de ce pouvoir inexplicable qu'est le charme. Les mots définissant cette grâce suscitent le désir de s'en approcher : l'influence magique, le sortilège, l'attrait mystérieux exercé par un être sur un autre.

Pour l'ethnologue, la beauté est d'abord synonyme de santé et de vitalité, puisque hommes et femmes sont programmés pour servir le grand projet de la vie : se perpétuer le plus et le mieux possible. Toute personne est attirée instinctivement par les personnes qui complètent et optimisent ses capacités. Pour le cerveau archaïque, la musculature et les épaules larges des hommes signifient force et courage, tandis que les hanches arrondies et la poitrine généreuse des femmes garantissent des maternités abouties. Ces êtres sont jugés beaux, donc attirants, par leur capacité apparente à prolonger notre espèce. Au contraire, cheveux rares et ternes, dents gâtées ou absentes, peau atone, obésité ou maigreur morbide sont repoussants, puisqu'ils sont les signes d'une mauvaise santé, donc d'un danger pour la progéniture.

Le cerveau code les traits de la personne rencontrée, et porte un jugement immédiat, mais cette appréciation n'entraîne pas systématiquement une attraction. Quand le sentiment amoureux s'en mêle, l'on « voit » l'autre filigrané sous plusieurs visages du passé. Les attachements gravés en soi depuis l'enfance et l'adolescence légitiment beaucoup de nos choix adultes. La plupart des préférences amoureuses ressemblent à des réflexes œdipiens ; elles sont soumises aux règles des cultures et à des goûts très personnels. S'il y a eu une fascination amoureuse, ou une loyauté familiale pour un être particulier du passé, l'on peut, inconsciemment, en choisir un sosie, même approximatif. Ainsi une personne préférera l'être dont la démarche, l'accent, la voix ou l'odeur évoquent en elle un passé enfoui, à un autre plus beau, intelligent et rayonnant, mais qui ne comblera pas sa frustration latente.

Les femmes des années cinquante, qui avaient pour modèle la généreuse Marilyn, se trouvèrent fort dépourvues dix ans après, quand il leur fallut s'affamer pour atteindre le petit 34 de la brindille Twiggy. Puis, les années quatre-vingt réhabilitèrent les formes pulpeuses avec, en plus, les muscles saillants.

Patricia

Malgré un miroir grossissant sans pitié, nous nous sentons belles dans vos yeux amoureux. Nous restons cependant vigilantes car, l'Histoire l'a souvent prouvé, l'amour ne tient souvent qu'à un fil, un cheveu, une dent !

Notre beauté ou notre laideur siège dans le regard que vous posez sur nous, dans la mémoire que vous gardez, ou non, de nous le premier jour. Quand l'amour s'en va, nous nous sentons laides, Cendrillon en haillons. Mais qu'un autre regard nous restitue notre pantoufle de vair, et nous resplendissons ! Nous considérons différemment votre beauté masculine.

Nous avons pour votre physique toutes les indulgences. Malgré votre calvitie et votre ceinture trop serrée, votre sourire, votre humour et votre tendresse vous nimbent d'une aura, qui fait des envieux et des envieuses et nous fait craquer.

Nous pouvons vous reprocher beaucoup de choses, mais sur votre aspect nous ne disons pas le quart du dixième des horreurs que vous nous adressez… Et ne redites pas que vous nous aimez seulement pour notre beauté intérieure, car celle-là, on nous l'a déjà faite, juste avant de nous tromper, ou de nous quitter ; nos rides en plissent de rire ! La société tout entière rejette les corps vieillissants, et ceux qui ne correspondent pas aux canons en vigueur. Cependant, nous sommes prêtes à vous croire lorsque vous nous enlacez avec passion et susurrez à notre oreille : « Je sais que tu n'aimes pas ton corps, mais moi, je le trouve sexy, et il me fait b… bondir ! » Parlez-nous franchement, voire crûment, à condition de le faire avec humour, bienveillance et en petit comité…

Michel

« *Quiconque aime une grenouille en fait une déesse.* »

Ce proverbe chinois résume bien ce que nous pensons de la beauté. Pour nous, votre allure, votre démarche, votre sourire et votre rayonnement sont une valeur ajoutée, un passeport pour notre crédibilité sociale, surtout lorsqu'on est encore jeunes, pas sûrs de nous-mêmes. Ces mêmes atouts sont un enchantement pour notre vie privée, puisque nous aimons croire que c'est aussi le bonheur que vous trouvez avec nous qui vous rend belles.

Alors, cessez de vous plaindre de ces rides, de ce petit ventre, de ces cheveux cassants, etc. D'ailleurs, nous n'y prêtions aucune attention avant que vous ne pinciez vilainement devant nous votre cellulite. Une fois pour toutes, retenez que c'est votre charme et la beauté que vous avez en vous qui nous séduisent, et non ceux, formatés, des magazines. Photoshopées, aseptisées, les images que l'on vous impose sont vraiment réfrigérantes ! Tellement que nous craignons plus que tout de vous retrouver un jour aussi inexpressives que ces statues qui toisent le monde du haut de leurs chaussures montées sur brochettes.

Pour une fois, écoutez-nous, ainsi éviterons-nous tout malentendu à ce sujet. Nous ne vous aimons pas pour ce que vous tentez de paraître, mais pour ce que vous êtes ! C'est sous votre charme que nous sommes tombés en vous rencontrant, pas sous le tableau des mensurations dicté par la mode. Plus encore : chacun des petits défauts que vous parvenez – magiciennes que vous êtes – à dissimuler aux autres est notre domaine réservé. Ces imperfections sont à vous, et à nous ; elles font partie des secrets que nous partageons. Et donnez-nous enfin une vraie preuve de votre confiance en ne doutant plus de notre amour…

Nous aimons que vous mettiez vos atouts en valeur, mais pas au point de confier le pli qui vous obsède au chirurgien esthétique ! Même si nous notons que la femme de Robert est vraiment attirante, que la nouvelle baby-sitter est craquante, nous ne vous comparons ni à celle-ci ni aux autres. Nous n'analysons pas chaque centimètre carré de votre corps comme vous le faites face au miroir. Pour certaines personnes (surtout des femmes), la dysmorphophobie (maladie consistant à se voir trop ceci, et pas assez cela) dépasse le simple complexe, et peut conduire à une boulimie, une anorexie qui menace leur vie. Stop à l'autodénigrement !

Nous sommes fiers de vous avoir à notre bras, et lorsque l'amour nous accompagne, vous êtes la plus belle de la soirée, la plus charmante ; celle qui surpasse les autres, par son sourire, sa gestuelle, sa gentillesse, et l'attention particulière qu'elle nous porte.

En revanche, quand l'amour s'en va…

Bonheur

« *J'ai connu le bonheur, mais ce n'est pas ce qui m'a rendu le plus heureux.* » (Jules Renard)

Il éclaire le visage, assouplit la démarche, réchauffe la voix ; il est en soi, autour de soi, difficile à trouver si on le cherche ailleurs. Depuis quelques milliers d'années, les philosophes se penchent sur cet extraordinaire paradoxe, sans parvenir à se mettre d'accord. Personne n'en a une vision claire : « À chacun son bonheur ! »

Certains yogis prétendent que le détachement des choses du sexe serait la condition *sine qua non* de l'accès au bonheur suprême. Dans leur majorité, les hommes et les femmes laissent volontiers cette félicité béate aux successeurs de mère Teresa et de l'abbé Pierre, car ils et elles n'envisagent pas un seul instant le bonheur sous cet angle ! Il semble que chacun.e hérite d'un quota de bonheur différent, qui le prédispose à voir le verre à moitié plein, ou le contraire. Pourtant, il est réjouissant de savoir qu'en faisant quelques efforts, on peut faire varier le curseur. En effet, les conditions de vie influent moins sur le bonheur quotidien que la tendance naturelle à la morosité. Privé.e de cette aptitude à être heureu.x.se, l'on a du mal à imaginer le bonheur, puis à le reconnaître quand il surgit, alors le retenir… Il n'est évidemment pas question ici des conditions de vie indignes que connaissent de nombreuses personnes, pour qui le bonheur est un luxe totalement absent.

« Précunéus » : retenez ce mot nouveau inventé par des chercheurs de Tokyo, car il n'est pas simplement le surnom donné au bonheur, il désigne sa place dans le cortex cérébral, un petit repli de la face interne du lobe pariétal. En intégrant simultanément pensées rationnelles et émotions, il permet de réguler l'affectivité et la conscience, notamment dans les questionnements et raisonnements que l'on mène sur soi. Cette capacité de mobiliser les souvenirs, émotions et désirs pour faire de chaque être l'héritier d'une histoire, l'inventeur de son avenir, laisse penser que l'aptitude à se réjouir de l'instant présent n'est pas figée. La plasticité neuronale et la bonne volonté développent cette précieuse faculté. Aujourd'hui, la science propose trois explications à l'aptitude au bonheur : la génétique, la capacité à optimiser ou à dramatiser les événements, et l'environnement.

Consommer des glucides lents augmente la production de sérotonine ; partager des moments privilégiés avec nos proches stimule celle de l'ocytocine, se détendre et marcher rapidement tous les jours améliore l'équilibre œstrogène/ progestérone, donc l'ensemble des fonctions vitales. Le bonheur peut devenir contagieux partout autour de soi, si l'on sourit à tous en adressant un compliment ici, un encouragement là.

Patricia

« *Le secret du bonheur en amour, ce n'est pas d'être aveugle, mais de savoir fermer les yeux quand il le faut.* » (Simone Signoret)

Pour faire simple : le bonheur, c'est avec et sans vous. Vivre près de vous nous procure un sentiment de plénitude, d'accomplissement, et nous transporte sur une vague de tendresse, de joie, de paix et d'exaltation, bref, de bonheur.

Cependant, votre absence peut nous procurer le même bien-être ! Comment expliquons-nous cet apparent paradoxe ? Par le sentiment pesant, que nous avons trop souvent, d'être les gardiennes solitaires du bonheur familial ; celles qui veillent, protègent et anticipent les lendemains de chacun (vous, nos familles respectives et nos enfants) dans l'indifférence générale.

L'ingratitude de votre cœur, parfois si insouciant, nous recroqueville et nous éteint. L'expérience nous enseigne que le souvenir du bonheur n'est plus vraiment du bonheur, alors que celui du malheur demeure longtemps. De votre distraction à notre désamour, il n'y a guère qu'un tout petit espace-temps, c'est pourquoi nous nous accrochons à la bouée d'un bonheur que nous espérons ranimer un jour…

Michel

Hou là ! Le bonheur, c'est une notion trop philosophique, ça frôle la métaphysique ! Pas assez concrète, pour nous. D'emblée, nous adhérons à la définition du rugbyman français Jean-Baptiste Lafond : « *Le bonheur, c'est tout ce qui arrive entre deux emmerdements.* » Parce que, pour le commun des mortels, le bonheur commence par l'absence de douleur physique et morale, un sommeil réparateur, une alimentation correcte. « *Car il n'y eut jamais encor de philosophe qui pût endurer les maux de dents patiemment ; quoiqu'ils aient écrit avec le style des dieux et fait la nique à la chance et à la souffrance*[4]. » Bon, c'est sûr qu'il y a le bonheur de vous avoir rencontrées, et tout ça. Les petits bonheurs quotidiens que nous partageons avec vous, qui rendent la vie si douce à vos côtés ; poser la main sur votre cuisse en voiture (interdit par le code de la route !), faire les courses chacun de son côté, et se retrouver dans la cuisine avec les mêmes emplettes, plus un éclat de rire. Savourer ensemble un coucher de soleil, une tarte Tatin aux poires, une balade sous la pluie… Et les petits bonheurs solitaires : conduire la voiture de collection d'un copain célibataire (capot très long et coffre très court) ; s'affaler dans le canapé devant la télé, pas rasé, les pieds sur la table du salon, chips à gauche, bière à

4. William Shakespeare, *Beaucoup de bruit pour rien*, acte IV, scène 1.

droite, foot devant, sans personne pour nous dire : « Tu vas rester là longtemps ? »

Le bonheur, pour nous, ce sont tous ces instants qui en s'ajoutant nous donnent sacrément envie d'en vivre d'autres. Alors, avant de jouer Calimero, Cosette, Poil de Carotte, et autres laissés-pour-compte, commençons, vous et nous, par notre hygiène de vie, ne serait-ce que pendant une semaine… Ça vaut la peine !

Cadeau

Remettre en question le principe du cadeau serait remettre en question une grande partie des rituels du règne animal dont l'espèce humaine fait encore un peu partie. En effet, de nombreux autres mammifères pratiquent l'offrande, notamment en période de reproduction ; c'est un « plus » à la parade amoureuse. Donc, si l'on éprouve le besoin d'être l'objet de l'attention de l'autre, un présent rassure et assure mieux qu'une danse nuptiale ou une tirade ; le cadeau demeure.

Si, entre amis, un cadeau peut être un remerciement, ou un échange, entre amoureux il doit être inconditionnel et désintéressé… en principe, car un cadeau ne l'est jamais vraiment. Pour preuve : la libération, dans le cerveau, d'enképhalines, ou hormones de l'attente, et de dopamine, hormone du plaisir de donner et de recevoir…

Savoir offrir un cadeau est aussi compliqué que savoir le recevoir. L'on peut blesser beaucoup dans les deux cas, en n'étant pas à la hauteur de l'événement. Certaines personnes fragiles psychologiquement n'offrent pas de cadeau, de peur d'être rejetées symboliquement en même temps que l'objet. D'autres achètent l'amour à coups de cadeaux, mais comme dans un puits sans fond, puisque le retour d'affection ne sera jamais à la hauteur de leurs incommensurables espérances. D'autres encore retiennent la valeur marchande du cadeau comme l'étalon de leur valeur personnelle. S'il y a une grosse différence entre la valeur estimée « méritée » et celle du cadeau reçu, les neurones dopaminergiques du mésencéphale transmettent la sensation d'une douloureuse injustice, nommée « erreur de prédiction de la récompense » par des scientifiques[5]. Ce même circuit cérébral nous enseigne, en retour, à revoir à la baisse nos futures exigences…

Il y a les petits présents dits « surprises » qui, en devançant des désirs déjà exprimés, ou devinés, prouvent qu'on les a entendus, observés, et compris. Il faut avoir une bonne dose d'empathie pour deviner ce dont l'autre a réellement envie ! Il y a les cadeaux rituels ; selon les cultures, les échanges de cadeaux sont plus ou moins codifiés. Au Japon par exemple, les codes sont extrêmement stricts ; l'on blesse gravement son supérieur en ne lui rapportant pas un cadeau après un voyage à l'étranger. Dans l'histoire du monde, offrir un cadeau fut souvent synonyme d'un acte de soumission face à un puissant auquel on réclamait une faveur ; on était redevable. Est-ce que cela perdure dans les couples ? Est-on redevable à l'autre ?

5. Schultz, Dayan, Montague, « A neural substrate of prediction and reward » *Science*, vol. 275, no 5306, 14 mars 1997, p. 1593-1599.

C'était aussi un moyen, pour les explorateurs, de nouer des liens avec une population inconnue dont ils ne savaient pas si elle était hostile ou accueillante ; et recevoir des cadeaux en échange signait la bonne entente entre les deux parties. Offrir un cadeau à la famille de l'être aimé est aussi le moyen d'être accepté dans un clan et de légitimer sa présence. Dans un couple, chacun espère en retour un baiser, un remerciement, ou la réconciliation après une dispute.

Patricia

Même si c'est ringard, le cadeau, on assume ! Fleurs, parfum, disque… toute chose prouvant que vous remuez vos méninges pour nous faire plaisir, et surtout que vous nous connaissez bien, nous touche infiniment. Vous savez que le vert ne nous va pas, et que notre taille de pantalon est 38 ; vous savez que nous aimons changer de parfum, à condition que les notes dominantes soient l'ambre/la bergamote/la rose/le vétiver, et vous savez sans doute que les foulards nous démangent, sauf en soie naturelle ou en cachemire. Comment, vous ne le saviez pas ?! Nous avions pourtant glissé l'information dans différentes conversations, l'air de rien.

Si vous n'avez effectivement pas assez d'argent sur votre compte en banque, offrez-nous un bouquet de fleurs ; la vie nous semblera plus belle tout à coup. Rien ne nous est plus cher qu'un cadeau venant de vous, et pour cela, nous sommes prêtes à toutes les indulgences, même à arborer un collier que nous n'aurions jamais, non, jamais acheté nous-mêmes…

Certaines d'entre nous, habituées à ne jamais vous contrarier, s'exclament pour les cinq roses en promotion au supermarché comme s'il s'agissait d'un gros diamant bleu ! Certains cadeaux sont des « prises de pouvoir » :

« Puisque c'est moi qui te l'ai offert, tu dois l'aimer. » « Je t'ai acheté ces dessous sexy parce qu'ils m'excitent, donc tu dois les porter, même s'ils te mettent mal à l'aise. » Tant que nous ne reprenons pas confiance en nous, ce sont des cadeaux empoisonnés que vous nous faites. Mais vos attentions sont souvent touchantes, et vos cadeaux donnés d'une main embarrassée nous vont droit au cœur !

Michel

Au début, stimulés par la crainte de ne pas vous plaire, nous en faisons des tonnes : foulard en soie sauvage, parfum raffiné, week-end au bord de la mer, etc. Et puis… et puis, quand nous vous sentons bien accrochées à nos hameçons, que nous sommes apaisés par vos preuves d'amour, nous relâchons la tension, l'attention aussi. On ne vous en fait plus assez. Ni égoïsme ni avarice, simplement on n'y pense pas ; on n'a pas le temps ; on ne sait pas quoi vous offrir. Les fringues ? D'accord, mais quelle taille ? La vôtre change souvent ! Les sous-vêtements ? La dernière fois, quand la vendeuse a demandé « B ou C, les bonnets ? », on a fui. Quant aux bijoux, on est sûrs de tomber à côté : pas assez colorés, trop sobres, pas la bonne taille… Bref, c'est à nous dégoûter de la joaillerie. D'accord, ce n'est pas une excuse, juste une explication.

Nous savons que, pour choisir et vous offrir un cadeau digne de vous, nous devons nous souvenir de ceux qui vous ont visiblement ravies. Réfléchir, aussi, à ce qui vous fera plaisir vraiment, et nous investir à fond dans cette quête pour vous surprendre, vous éblouir.

Il n'y a que pour la fête des Mères que nous sommes à peu près tranquilles ; les enfants adorent l'électroménager : le dernier robot à triple détente, la yaourtière top bio, le fer-à-repasser-sans-y-penser… Là, vous êtes coincée : « Ce sont les gosses qui ont choisi ! » D'ailleurs, nous ne rejouerons pas le coup de la centrale vapeur que vous nous aviez montrée sur catalogue avec une mine radieuse. Nous étions si fiers de vous offrir cet engin hors de prix ! La centrale hypersophistiquée, tout juste si elle ne rangeait pas le linge dans les étagères, elle nous a coûté un bras.

Le malentendu s'insinue même dans l'acte d'offrir un cadeau : « Tu crois pouvoir te racheter, avec ce bracelet ? C'est donc que tu as beaucoup à te faire pardonner… Il faut vraiment qu'on parle ! » C'est parfois la vérité, mais pas toujours. Ce peut être aussi la prime exceptionnelle qu'on nous a allouée, et qu'on voulait vous consacrer, en songeant à tout ce que vous faites pour notre bien-être.

Alors, s'il vous plaît, réfléchissez avant de vous mettre en colère, d'accord ?

Surtout que, pour nous, la question cadeau est simple ; tout nous fait plaisir puisqu'on ne s'achète pratiquement rien tout seul. Quand on dit « tout », c'est tout sauf les pantoufles. Pitié, pas les pantoufles ! Et si vous pouviez aussi faire l'impasse sur les immondes pull-overs de Noël…

Caresse

« *Si tu ne sais pas quoi faire de tes mains, transforme-les en caresses*[6]. » (Jacques Salomé)

Issu du mot latin carus, « cher », le mot « caresse » indique tout geste bienveillant envers un être cher. Depuis la main réconfortante sur l'épaule d'une personne affligée, jusqu'à l'effleurage coquin effectué du bout du pied sur une zone intime de l'autre, la caresse est le contraire du coup ; sa douceur est le contraire de la violence. Légère ou appuyée, donnée par une main, un pied, des lèvres, un souffle, une chevelure, une fleur, une plume, toutes choses évoquant la légèreté et la douceur d'une petite brise, la caresse est un attouchement tour à tour affectueux, tendre, érotique. Et pour tranquilliser l'esprit, il suffit de quelques mots doux prononcés par une voix… caressante.

Pour apaiser son enfant, la mère le caresse instinctivement dans le sens de pousse de son duvet. En revanche, pour réveiller son amant endormi, l'amante lui caresse les bras, le torse, et les jambes à rebrousse-poil, ce qui, en

6. Jacques Salomé et Sylvie Galland, *Si je m'écoutais, je m'entendrais*, Éditions de l'Homme, 1990.

stimulant les minuscules poils horripilateurs, les redresse comme un frisson.

Depuis une vingtaine d'années, des scientifiques s'accordent sur l'existence, dans la peau, autour des follicules pileux, de terminaisons nerveuses spécifiques du plaisir. Sous une caresse lente et légère, ces fibres s'animent, envoient des signaux électriques à l'insula, zone du cerveau chargée de diffuser du plaisir. Quand une personne est ainsi touchée, ses récepteurs provoquent dans son cerveau des réactions en chaîne : sécrétion de neurotransmetteurs, d'hormones liées au plaisir, à l'attachement, à l'énergie, tandis que les endorphines, l'ocytocine et la dopamine s'affolent.

Patricia

Qu'est-ce qui a changé ? Que sont devenues les caresses que vous nous dispensiez généreusement au début de notre relation ? Votre doigt sur notre joue, votre bras entourant notre taille, et nos deux mains enlacées et serrées ? Amour complice, ou prémices de postures qui ressemblent à de l'imposture ?

Vos caresses, qui nous enivrent d'ordinaire, peuvent devenir des punitions lorsque tout le reste de votre comportement nous agace. « La caresse du singe donne des puces », paraît-il ; or nous sommes justement championnes pour deviner les faux-semblants, les lourds effleurements du mensonge.

Mais pour ressentir à nouveau cette douceur ancrée dans nos souvenirs d'enfance, nous sommes prêtes à de nombreux sacrifices. Quelle femme rêverait de s'asseoir sur un chemin de halage, à côté de vous, armé d'une longue canne à pêche, pour attendre, immobile, et en silence, qu'un gardon suçote l'asticot de l'hameçon ? Cette expérience, nous l'avons toutes vécue, des gradins de stade de football à la visite des catacombes, tandis que nous nous promettions secrètement : « Plus jamais ça ! » Pourtant, nous y retournons... parce que, entre deux silences, votre main a caressé notre cuisse, et que vous avez murmuré : « C'est bien d'être ici avec toi. » Alors oui, la caresse a d'immenses pouvoirs ; usez-en et abusez-en !

Michel

Au début de notre histoire, nous n'avions pas assez de mains pour vous toucher, vous caresser, vous enlacer. Où sont partis cet enthousiasme, cette fièvre de se frôler, ce besoin d'être toujours en contact avec vous ? Ils ont dû se diluer dans la routine, et nous en sommes peut-être les principaux responsables. Puisque nous nous exprimons déjà peu par phrases, nous devrions, pour compenser, nous exprimer plus souvent par de petits gestes, des caresses pour mimer la tendresse. Comment avons-nous perdu ces douces habitudes ? Probablement quand ça nous prenait dans la cuisine, hypnotisés par vos fesses dansant au rythme de la cuiller qui tournait la sauce au beurre blanc :

« Mais qu'est-ce que tu veux ? Tu ne vois pas que je suis occupée ? Si jamais il y a des grumeaux, le turbot sera gâché ! » « Ah non ! Je n'ai pas terminé la pose du mastic ; s'il est mal lissé, le carreau ne tiendra pas longtemps… » Cette fois-là et d'autres qui ont suivi ont érodé notre envie de vous caresser innocemment…

Or il est là, le danger. Quand le malentendu flotte au-dessus du couple, on se retrouve rapidement dans une impasse. Que vous dire ? Que vous faire ? Nous comprenons que ce n'est jamais le bon moment : nos mains dans vos cheveux : « Tu le fais exprès ! Je viens de passer le lisseur… » Nos jambes sous la table cherchant à apporter un peu de chaleur aux vôtres : « Tu vas filer mes collants », etc. Alors, avant d'en arriver à l'échange de bristols pour vous inviter à quelques caresses rassemblées le lundi à 21 heures, il est urgent non pas de tomber dans les habitudes passées, mais de les réhabiliter !

Votre main posée sur notre nuque en voiture, votre bras frileusement passé sous le nôtre en promenade, votre souffle chaud dans notre oreille pour chuchoter un mot gentil… Tout cela nous manque autant qu'à vous. Alors, cessez de sursauter à nos caresses inopinées ; elles ne sont pas toutes suivies de pitreries sensuelles. Beaucoup sont avant tout des messages d'amour tendre, et les neurosciences l'assurent : les bienfaits thérapeutiques de la caresse sont infinis !

Un million cinq cent mille capteurs accueillent et identifient ce qui nous touche. Mieux encore : de simples effleurements sur le visage et le corps peuvent prévenir ou empêcher l'AVC ischémique, en stimulant la région cérébrale concernée ; car le sang détourne son trajet, et irrigue rapidement la zone qui ne l'était plus. Pour nous sauver la vie, nous savons que vous ferez le maximum…

Carrière

« Suivre une carrière » signifie tout simplement « progresser dans sa profession », vœu que tout un chacun est en droit de formuler. Cependant, il arrive que la peur de rater sa vie professionnelle fasse oublier l'importance de la vraie vie. L'ambition peut transformer l'un ou l'autre en rouleau compresseur, capable de laminer non seulement ses collègues du bureau, mais aussi sa famille, son couple. Il ou elle devient l'opportuniste tirant éternellement la couverture à soi, au nom d'une sacro-sainte carrière dont il faut gravir les échelons si l'on veut obtenir un meilleur salaire. L'ambition excessive se traduit par un comportement infantile ; il ne s'agit plus simplement d'être compétent.e ou de s'améliorer, mais de passer pour le.la meilleur.e. Il ne s'agit plus d'avoir des amis, mais de se faire des relations !

La double carrière dans un couple est-elle l'assurance d'un bonheur ? Pour gérer de front la ou les carrière.s, la vie de famille, et les liens amoureux dans le couple, la communication doit être établie en toute confiance, et l'organisation quasi militaire. Les agendas sont croisés en permanence, les décisions prises collégialement à mesure des obligations, déplacements, réunions et impondérables, tout en préservant les espaces et les temps sacrés réservés au couple.

Patricia

Tout ce qui vous semble plus important que l'amour est pour nous un échec, et tout ce qui vous retient loin de nous semble d'emblée une menace. Votre travail, votre carrière, c'est votre projet personnel, bien antérieur à notre présence dans votre existence ; c'est donc votre plus vieille amie que vous évoquez devant nous à tout bout de champ, avec, selon les jours, un frisson de désir dans la voix, une colère inquiète ou une frénésie irrépressible. Une maîtresse serait finalement moins préoccupante ; son règne durerait moins longtemps !

Il est normal que votre carrière nous inspire plus de méfiance que de sympathie. En effet, tout en gravissant des échelons amplement mérités, nos préoccupations sont presque toujours reliées à la famille, c'est-à-dire un projet essentiellement collectif. Même lorsque vous êtes au chômage, nous n'en oublions pas que les corvées et tâches ménagères sont pour l'essentiel effectuées par nous.

Donc oui, vous avez fait des progrès, mais voici de quoi vous rafraîchir les méninges : tri du linge et lancement du lave-linge : 21 % des hommes, 83 % des femmes ; nettoyage des sanitaires : 20 % des hommes, 81 % des femmes ; dans la maison, vous êtes meilleurs en bricolage, certes, mais bricole-t-on tous les jours ?

43 % des hommes pensent que nous avons plus d'aptitudes naturelles pour les tâches ménagères, parce que ça les arrange ! Une personne anonyme s'en est ainsi gentiment moquée : « Mon mari dit qu'il veut passer ses vacances dans un endroit où il n'est jamais allé. J'ai répondu : et pourquoi pas la cuisine[7] ? »

Excusez-nous de vous assommer avec des statistiques, qui restent malheureusement les mêmes, à peu de chose près, depuis un demi-siècle, mais ça nous laisse sans voix ! Nous avons parfois sacrifié nos talents, nos rêves, nos ambitions, nos études, pour privilégier ce qui était essentiel à nos yeux, et qui aurait dû l'être aux vôtres : notre couple, nos enfants, notre vie vraie. Comprenez notre indignation quand vous osez nous dire : « C'est quand même moi qui rapporte le plus d'argent à la maison ! »

Pour maintenir l'amour et la cohérence dans la cellule familiale, il importe de communiquer beaucoup et souvent. Ainsi pourrons-nous gérer ensemble les courses, les repas, les devoirs des enfants, l'entretien de la maison, et nos carrières respectives. Là, vous tiquez, précisément parce que votre besoin de liberté et de mystère est mis en danger par nos deux agendas ouverts à tous, à tout moment… C'est peut-être la raison pour laquelle nous sommes moins attirées par la politique et autres exercices de pouvoir ; c'est dommage, car notre présence aux

7. Nan Tucket, *The Dumb Men Joke Book*, 1992.

postes d'encadrement améliore notablement la performance financière des sociétés, c'est statistique ! Mais puisque vous rechignez à nous faire un peu de place, les hommes et les femmes conscients du phénomène sont obligés d'instaurer des quotas… Progrès un peu humiliant, non ? Fort heureusement, il semble que nos filles se débrouillent mieux que nous, et s'acharnent à faire changer les statistiques. Elles sont de plus en plus nombreuses à suivre des cursus difficiles avec succès, puis à occuper des postes importants, stratégiques et lourds en responsabilités, dans l'industrie, la marine, l'armée, les laboratoires de recherche, etc.

Michel

Vous nous la reprochez trop souvent : « Ta carrière avant tout ! C'est tout ce qui t'intéresse, le reste t'indiffère ! » C'est possible. Par moments, c'est même vrai. Et alors ? N'est-ce pas grâce à elle que nous pouvons vous offrir tout ce qui vous rend la vie agréable ? N'est-ce pas notre ambition qui vous rend fière de nous ? Comme nous n'imaginons pas qu'il puisse s'agir de mauvaise foi de votre part, c'est sans doute, là encore, un simple et néfaste malentendu. Qui de nous deux a mal entendu ce qu'exprimait l'autre ? Ce qui importe, c'est de nous redire les choses l'un à l'autre, et de bien les entendre pour bien nous entendre, n'est-ce pas ? Alors… écoutez et « bien entendez », cette fois : ce qui nous obsède, nous taraude et nous angoisse au quotidien, c'est notre avenir professionnel. Comment en serait-il autrement avec les responsabilités imposées dans le monde du travail, dans une société où le moindre faux pas vous fait reculer de dix ans ? Comment ne pas s'inquiéter surtout si vous et nos enfants dépendez autant de cette ennemie qui vous veut tant de bien ?

Et, puisqu'on se dit tout, sachez que nous respectons volontiers vos talents et vos rêves, et que nous serions ravis de partager équitablement le financement de notre vie familiale. Donc oui, vous pouvez reprendre vos études, créer votre entreprise, et faire ce qui vous réhabilite à vos yeux. Pourquoi sommes-nous si compréhensifs ? Parce qu'il est plus agréable de vivre auprès d'une femme épanouie qu'avec une femme aigrie ! Et, pour être sûrs de vous voir sourire quand nous revenons, nous sommes prêts à établir l'organigramme de l'entreprise Famille, au tire-ligne et au compas sur du papier millimétré !

Cela dit, vous avez raison de nous rappeler à l'ordre quand on exagère dans le carriérisme… mais pas chaque fois que nous rentrons plus tard que prévu, ou que nous avons un séminaire. Et surtout pas avec des réflexions du genre : « Ton travail passe encore avant nous ! » Rien ne passe avant vous, rien ! Dans le cas contraire, demandez-vous ce qui ne va pas dans notre couple ! Et puisque nous parlons de carrière, je ne résiste pas à l'envie de vous offrir cette saillie drolatique : « De nombreux hommes doivent leur succès à leur première femme, et leur seconde femme à leur succès. » (Jim Backus)

Clitoris

En argot, ce petit organe érectile sensible, situé au-dessus du point de jonction des deux petites lèvres, est nommé « le bouton ». Force est de constater que beaucoup d'hommes, même parmi ceux qui en connaissent l'existence, ne savent pas utiliser ce dispositif de commande… Les autres s'en font une montagne, et se demandent comment l'aborder. Il est vrai que le point érogène central est entouré de zones qui se révèlent très réceptives aux caresses et aux pressions ; alors, par quel versant en conquérir le sommet ?

Le clitoris, d'une taille d'environ huit à douze centimètres, correspond à un pénis qui, au lieu de se dresser à l'extérieur, s'épanouit le long du vagin, excitant toute la zone qu'il entoure par ses huit mille terminaisons nerveuses (contre cinq mille pour le pénis). Le classement « clitoridiennes d'un côté, vaginales de l'autre » est donc une grossière erreur. Ne disons plus à nos filles : « Toi tu n'as pas de sexe », mais : « Ton sexe à toi, il est à l'intérieur. » Les hommes devraient le dorloter comme tel, c'est-à-dire avec douceur et précaution, au lieu de l'astiquer frénétiquement comme s'ils avaient une éjaculation sur le feu. Il lui suffit d'un désir, d'une adroite caresse, pour s'empourprer et s'ériger.

En plus d'être réceptif aux caresses de l'autre, il permet le délassement solitaire. Ce minuscule organe est le seul à ne servir que le plaisir ! C'est précisément pour les punir à l'avance de ce crime de lèse-masculinité que l'on mutile encore des petites filles, en les privant à vie de plaisir sexuel, douloureusement, injustement. Selon l'Organisatio des Nations unies, il y avait sur cette planète, en 2016, 200 millions de femmes et de filles victimes d'excision ou d'autres mutilations génitales. Or, ce constat ne semble pas être une préoccupation partagée par la communauté internationale. Quelques héros, tels le chirurgien Pierre Foldes et l'urologue Jean-Antoine Robein, ont voulu réparer cette torture infligée aux femmes, en rendant possible la restauration de l'organe disparu, afin qu'elles retrouvent des sensations normales. Les femmes ainsi réparées, réhabilitées, aiment le peindre, le dessiner, le modeler, le photographier, retrouvant peu à peu la fierté de leur corps.

Patricia

Vous êtes parfois tellement maladroits, et tellement souvent à côté ! Sachez que l'amour et la bonne volonté ne suffisent pas. Il nous faut beaucoup de patience pour vous expliquer que lundi nous avons eu beaucoup de plaisir quand vous avez appuyé à gauche, mais que mardi c'est à droite qu'il aurait fallu vous aventurer pour parvenir au même résultat. Que de fois, en vous sentant gagnés par l'agacement, nous renonçons, et terminons seules l'ouvrage quand vous partez sous la douche.

Une fois pour toutes, apprenez à traiter ce morceau de roi avec les égards dus à sa position et à sa fonction ! Si nous manipulions votre instrument avec aussi peu de talent, vous tourneriez le dos aux femmes définitivement. Apprenez que cet organe peut devenir votre meilleur allié, toujours prêt à servir. D'un doigt généreusement mouillé de salive, caressez-le lentement, doucement, avec nonchalance et légèreté, pour le réveiller gentiment. Rappelez-vous qu'il se déroule sur huit à douze centimètres, et qu'il n'attend qu'une caresse appuyée – un peu – pour nous emmener à l'orgasme le plus rapide et le plus discret. Si nous sommes certaines du mode d'emploi et du résultat ? Comment pensez-vous que nous gardons le visage reposé, les pommettes roses, et le regard clair en votre absence ? D'autant que, lorsque vous y mettez un peu de bonne volonté et de pugnacité, vous parvenez à une maîtrise de l'instrument qui frôle la perfection.

Michel

Ah ! Un centimètre cube seulement, mais quelle engeance, ce clitoris ! À l'adolescence, ce sont les plus grands qui nous déniaisent pendant la récréation, croquis à l'appui : « C'est là, et pas ailleurs. Une fois que tu l'as, surtout ne le lâche plus, tu pourrais le perdre ! » On apprend l'enchaînement par cœur : mettre le doigt à l'entrée du vagin, au centre, sans y pénétrer. Remonter doucement jusqu'à un truc rond plus dur que le reste, le décalotter avec deux doigts, comme un prépuce, et le titiller pour que ça démarre. Mais surtout pas en appuyant dessus comme un forcené… Pourquoi ? Imaginons notre précieux gland, sa peau si fine, si douce, frottée avec une éponge métallique : une torture ! Rien que d'y penser, ça nous fait mal ! Mais ça, c'était avant.

Loin de moi, l'idée de dire : « C'était mieux avant », car c'est tout le contraire. Maintenant, nous savons ! Nous savons que le clitoris n'est pas seulement ce petit centimètre qui nous obsédait lors de nos premières expériences… Non, c'est dix, parfois plus, qu'il mesure, ce coquin… coquin parce qu'il se fait un plaisir de se cacher. Oh ! pas très loin, là juste à côté, dans les petites lèvres. Des prolongements qui le font ressembler au morceau de bois qu'utilisent les sourciers pour trouver de l'eau. Je sais, un vrai poète… Et alors, me direz-vous ?

Et alors, quand on parlait de nos conquêtes entre garçons, immanquablement venait la question : « Elle est clitoridienne ou vaginale ? » Eh oui ! Pendant l'amour, on essayait de s'adapter… Si ça ne « marchait » pas avec le doigt ou la langue, on se disait que la solution orgasmique viendrait avec le coït… Foutaises ! Même lors de la pénétration, le plaisir vient par la stimulation du clitoris… pas directement, mais de ses branches ; donc le plaisir féminin est clitoridien ! Point barre !

J'aimerais tant démarrer ma vie sexuelle aujourd'hui, en sachant tout ça ! J'aurais moins douté de moi en prenant une femme… dans mes bras.

Cohabitation

« *Quelquefois, je me demande si les hommes et les femmes sont faits pour vivre ensemble. Peut-être qu'ils devraient se contenter d'être voisins, et de se rendre visite de temps à autre.* » (Katharine Hepburn)

Dans les débuts de la relation, tout enchante ; chacun a pour l'autre toutes les indulgences. L'hyperactivité nous projette dans un monde qui semble magique. Cette drôle de façon de ne se préoccuper que du moment présent apaise, et rend la vie plus belle. Peu à peu, ce qui nous charmait nous devient insupportable. La vie en commun, quand elle est trop commune, met en relief les manies, les oublis, les bruits incongrus que l'on ne retient plus, puisque désormais « on vit ensemble ». La cohabitation est un test pour mesurer la force de l'amour, la construction du lien, ainsi que la capacité d'adaptation et d'empathie de chacun pour incommoder l'autre le moins possible. L'incompréhension est rédhibitoire, particulièrement dans le domaine sexuel. Les rencontres hebdomadaires du début, dans des lieux plus ou moins confortables, donnent un côté « film d'aventures » aux fugues amoureuses, et l'on en redemande. Ensuite, le malentendu s'insinue en révélant les besoins et les rythmes de chacun, la capacité ou l'incapacité d'adaptation de l'autre. Le décalage peut alors prendre des proportions alarmantes. À commencer par ce lit, où il faut désormais apprendre à dormir à deux. Cela s'avère difficile quand l'un n'a besoin que de cinq heures de sommeil, ne supporte pas le moindre bruit ni le moindre mouvement, et a besoin d'air frais, même en hiver, alors que l'autre doit dormir huit heures avec double couette et bouillotte, même en été. La sage Katharine Hepburn avait sans doute raison : il semble plus stimulant et excitant de s'inviter l'un chez l'autre que de subir une présence permanente, finalement incommodante.

Lorsque la perspective d'une magnifique croisière en voilier ne fait plus rêver mais, au contraire, présage dix jours de cohabitation forcée, l'on peut prédire, sans grand risque de se tromper, que le couple est en réel danger.

Patricia

« *Je t'aimerai, le temps de voir dans ce grain de beauté une verrue.* » (Alfred de Musset)

Pour être tout à fait honnêtes, nous nous « lâchons » parfois autant que vous. Il nous arrive aussi de passer la soirée, affalées sur le sofa, de ne plus faire l'effort d'écouter le récit de votre journée de travail, surtout depuis que vous considérez que les nôtres sont très ennuyeuses. Quant au désordre, nous savons qu'il vous exaspère, et si nous ne prenons plus la peine de ranger la maison, c'est que la cohabitation avec vous devient une agression permanente. Le tube de dentifrice déroulant son rouleau de pâte sur le lavabo, les éclaboussures de mousse à raser sur le miroir, votre intolérance à la lumière de chevet quand nous voulons lire, votre obstination à ne prendre une douche que le matin, alors que nous avons la possibilité de dormir quelques heures de plus que vous mais que le bruit de l'eau nous fait sursauter. Et que dire de l'abattant des toilettes ! Bien que de nombreux articles aient été consacrés à ce sujet, il semble que vous n'ayez toujours pas intégré le concept du « rabattu, relevé », etc. De même, si quelques-unes d'entre nous ronflent discrètement – convenons-en –, vous êtes majoritairement bien plus en proie à ce fléau, question d'anatomie, sans doute. La liste est longue de ce qui nous insupporte car, tout grand homme respectable, intelligent, gentil et fiable que vous soyez, nous avons parfois envie de vous chasser de notre quotidien. Ce qui nous réjouit, en période revancharde, c'est de deviner qu'il en est de même pour vous…

Parallèlement à ces griefs, nous reconnaissons que, le soir venu, quand votre peau contre la nôtre nous donne le sentiment que c'est pour toujours, quand vous nous apportez le petit-déjeuner préparé avec amour, et quand vous parlez des enfants avec une vraie tendresse dans la voix et le regard, nous ressentons l'envie de prouver au reste du monde que la cohabitation est possible, et que nous en sommes la preuve. Enfin, vivre ensemble permet de vivre plus longtemps. C'est médicalement prouvé !

Michel

« *Et surtout soyons-nous l'un à l'autre indulgents*[8]. » (Paul Verlaine)

Assez ! Nous ne supportons plus ce harcèlement. Cette obsession de la p'tite goutte sur la lunette des W.-C., c'est à croire que, dès que nous avons vidé notre vessie, vous vous précipitez avec un révélateur d'urine acheté sur un site de la police scientifique avec un seul but, nous hurler dessus en nous disant : « Et ça, c'est quoi ? Du citron ? » Assez ! Non, nous ne le faisons pas exprès. Non, nous ne dirigeons pas le jet volontairement pour éviter la cuvette.

Je vous propose de faire le test… Prenez un verre d'eau teintée à la grenadine, tenez-le à hauteur de votre nombril, puis versez le liquide dans la cuvette. Que constatez-vous ? Que lorsque le liquide touche les bords de la cuvette, ou l'eau, il y a des éclaboussures sur le bord des toilettes ! Et voilà, C.Q.F.D. Je n'irai pas plus loin, donc, à moins de faire pipi assis, ne pas en mettre à côté, c'est miction impossible ! Et nous ne voulons pas vous saouler avec le fait que le jet passe par un tout petit trou, et que, parfois, ça part un peu dans tous les sens.

8. Paul Verlaine, *Jadis et naguère*, Léon Vanier, 1884.

Communication

« *Entre ce que je pense, ce que je veux dire, ce que je crois dire, ce que je dis, ce que vous avez envie d'entendre, ce que vous croyez entendre, ce que vous entendez, ce que vous avez envie de comprendre, ce que vous croyez comprendre, ce que vous comprenez, il y a dix possibilités qu'on ait des difficultés à communiquer. Mais essayons quand même*[9]*…* » (Bernard Werber)

Il semble que ce mot est sous-entendu dans tous les autres mots évoqués dans ce livre. C'est le malentendu initial, primaire, originel, celui dont vont découler tous les autres. Et puisque les couples homosexuels – d'hommes ou de femmes – ne s'en sortent visiblement pas mieux, il faut se résoudre à penser que ce doit être un problème universel, le sentiment amoureux venant parasiter encore davantage un processus déjà très compliqué !

La communication fait l'objet de séminaires, de symposiums, de formations où l'on débat longuement des méthodes d'échange, de partage, de correspondance. La communication est multiple, surtout dans le couple ; ne serait-ce que la distorsion entre un discours et un langage

9. Bernard Werber, *Nouvelle Encyclopédie du savoir relatif et absolu*, Livre de Poche, 2011.

corporel qui exprime l'opposé. Rien que le ton employé pour dire « je t'aime » peut se révéler en inadéquation avec la gestuelle. Il y a celles et ceux qui discutent comme si leur seule justification était de convaincre, d'éprouver leur force d'impact, l'infaillibilité de leur expérience, la capacité de résistance de l'autre ! Il y a aussi les spécialistes des faux-fuyants, qui trouvent toujours la réplique pour éluder la question embarrassante. Il y a enfin les victimes permanentes qui ne peuvent s'exprimer que dans la plainte. Pourtant, aux premiers jours d'une histoire amoureuse, on refait le monde comme des ados, à tout âge, des heures durant ; on se confie ses souvenirs, ses goûts, ses rêves, ses espoirs dans le couple. Le temps passant trop vite, ces conversations s'espacent, pour disparaître de nos agendas surchargés. Il faudrait trouver le temps de prendre le recul nécessaire pour se tourner soi-même en dérision, jusqu'à désamorcer la colère ou l'indignation. En recréant souvent les occasions de se parler, on évite le constat fatal : « Nous n'avons plus rien à nous dire. »

Les modes de communication propres à chacun sont si divers que seule une véritable écoute de l'autre permet de comprendre sa vision du monde et d'entrer en contact pour lui ouvrir les portes de la nôtre.

Parfois, les incompréhensions sont tellement insensées que la contribution d'un tiers, de préférence un psychothérapeute, n'est pas de trop pour démêler le fil et permettre au couple de perdurer… ou pas. Ils sont d'une aide précieuse, car les problèmes de communication et de sexe sont les deux fossoyeurs du couple.

Patricia

« *Savoir écouter c'est posséder, outre le sien, le cerveau des autres.* » (Léonard de Vinci)

Nous avons besoin de mettre des mots sur ce que nous voyons, pensons, et ressentons, et vous, ça vous agace. Alors, nous avons besoin de mettre des mots sur « pourquoi ça vous agace », et ça, ça vous énerve. Alors, nous avons besoin de parler des raisons qui font que ça vous énerve, quand nous voulons savoir pourquoi ça vous agace quand on en parle ! Des chercheurs de l'université du Maryland ont identifié une protéine (la FOXP2 (Forkhead-Box P2), codée par le gène éponyme, déterminante dans l'acquisition de l'expression orale, et présente en plus grande quantité dans le cerveau des femmes. Ceci explique peut-être cela ! À sa femme qui lui demandait : « Que pourrions-nous faire, mon amour, pour que notre couple reste vivant et ne sombre pas, comme tant d'autres, dans le chaos ? », le mari répondit : « Peut-être commencer par en parler un peu moins, ma chérie. » Ce qui est certain, c'est que pour nous, tant qu'un dossier n'est pas clos, il peut ressurgir n'importe quand, télescoper nos préoccupations jusqu'à brouiller toute autre tentative de communication.

C'est d'abord un rien qui nous agace un peu, alors on lance une pique ; vous en rajoutez dans la dérision, et c'est parti ! Nous ne sommes plus dans le « ici et maintenant », et vous nous écoutez avec horreur assener des reproches qui vous clouent sur place : « C'est exactement comme il y a trois ans, quand tu m'as ridiculisée chez tes amis ! ».

Pour nous, vous le savez, un chagrin n'est jamais totalement oublié, tant que vous n'avez pas mesuré la cause de la blessure. Il nous suffit d'une petite piqûre de rappel pour que se rouvre la boîte de Pandore. C'est que vous ne vous êtes jamais excusés de nous avoir infligé cette humiliation, il y a trois ans ; peut-être aviez-vous jugé l'incident anodin, et, dans votre étonnante naïveté, espéré que nous l'avions effacé de notre mémoire ? Pour nous, c'est la réouverture d'une cicatrice mal fermée : un dossier que nous n'avons pas jeté à la poubelle, et qui revient régulièrement sur le bureau…

Pour que vous puissiez entendre, enregistrer et comprendre ce que nous vous disons, nous devons parler sans hâte, d'une chose à la fois, puis nous taire en attendant votre réponse… qui nous sera donnée quelques heures ou jours après. Pour tromper notre impatience, nous feignons le fameux « silence complice » dont vous êtes friands, et dont nous nous méfions à juste titre, car nous avons eu, par le passé, la preuve qu'il est souvent source de malentendus, l'un et l'autre cheminant en silence vers deux directions opposées.

Michel

« *Deux époux doivent se garder de se quereller quand ils ne s'aiment plus assez pour les réconciliations.* » (Jean Rostand)

The problème ! À croire que les civilisations qui se sont succédé nous ont donné deux langages différents. Deux cerveaux incapables de se comprendre parfaitement, de se connecter l'un avec l'autre. On a beau prononcer deux phrases identiques, au mot et à la virgule près, il y aura toujours deux interprétations différentes.

Alors bien sûr, tant que l'amour est là, on peut compter sur l'explication de texte. C'est quand ça commence à ne plus aller aussi bien que les problèmes de communication vont devenir la source de tous les conflits. Mais franchement, comment faites-vous ? Avez-vous suivi un stage enseignant « la manière de le faire disjoncter en moins de dix minutes » ? On ne s'énerve jamais, on est d'une « zénitude » que tout notre entourage vous envie ; jamais un mot plus haut que l'autre, il n'y a que vous qui arrivez à nous fâcher. Alors, c'est l'engueulade. Et si ça se termine par une dispute, c'est souvent parce qu'on est énervé à l'idée que vous ayez pu… nous énerver !

Et vous êtes bornées, beaucoup plus que nous. Si, si ! On a même l'impression que vous le faites exprès. Exprès de ne pas comprendre ce qu'on a voulu dire, exprès de nous pousser à bout. Parce que vous le savez bien, il n'y a rien de plus insupportable pour nous que de vous voir « ne pas chercher à comprendre ». Mais laissons la mauvaise foi de côté. Nous n'avons pas tous la chance de vivre avec une compagne qui comprend l'humour, et qui le pratique. Or, c'est un atout infiniment plus précieux que la beauté et l'intelligence ! L'humour démonte les problèmes, les relativise, et fait réaliser aux deux partenaires le ridicule de la situation, au point d'en rire ensemble… ce qui met fin au conflit, et conduit rapidement à la chambre.

Certains d'entre nous ont appris, par leur mère, leurs sœurs, leurs amoureuses, que pour être heureux en couple, ils devaient être à l'écoute de leur partenaire, en l'encourageant à satisfaire son besoin de dire les choses. Nous nous y efforçons à contrecœur, à contre-nature au début, nous découvrons rapidement que notre écoute a une portée érotique réelle. En fait, en vous imprégnant d'hormones apaisantes, cette phase de libre parole s'inscrit dans les fameux préliminaires de la sexualité. Donc, quand vous nous demandez : « Chéri, parle-moi », ou « À quoi tu penses ? », mieux vaut accepter ; la récompense sous le plaid ne tardera pas !

Complicité

« *Tenez-vous loin des gens négatifs ; ils ont un problème pour chaque solution* » (Albert Einstein)

Accord profond, tacite, connivence entre deux complices. Être avec quelqu'un sur la même longueur d'onde, tout simplement se sentir en harmonie pour apprécier une musique, un paysage, un spectacle… Cette certitude est sans doute l'une des plus importantes composantes du ciment entre deux êtres.

Il arrive qu'elle survienne entre deux êtres jusque-là étrangers l'un à l'autre. C'est un sourire, ou un éclat de rire quand, fascinés en même temps par la même scène (un passant cocasse, une brève entendue sur le marché), leurs regards cherchent un écho à l'émotion, se croisent, et la partagent. C'est un coup de foudre. Pour dix secondes ou toute une vie, c'est du bonheur !

Mais cette connivence fragile peut s'altérer rapidement. L'air maussade, renfrogné, le regard dur et les silences obstinés en disent long sur un mécontentement, quand les arguments verbaux ne suffisent plus, ou qu'ils sont trop difficiles à exprimer… On boude, quitte à bouder un plaisir en même temps !

On rêve d'une relation harmonieuse, mais l'harmonie est comme une pièce trop parfaitement décorée :

d'abord, ça contente l'œil, ensuite ça l'ennuie. Attention, car, trop longue, feinte ou réelle, la bouderie peut dégénérer ! Il faut pourtant bien, à un moment, lever le bouclier, abandonner sa moue… En ce cas, rien de plus désarmant qu'un éclat de rire !

Patricia

« *Et j'ai vu désormais le monde à ta façon.* »
(Jean Ferrat, « Que serais-je sans toi »)

Notre vie est jalonnée d'instants complices, avec nos amis et amies, nos frères, nos sœurs, nos collègues, etc. Parmi toutes ces complicités, une seule a le pouvoir de nous inonder de bonheur : celle que nous découvrons, développons et partageons avec vous, jour après jour. L'apprentissage de vos modes de fonctionnement et de leurs interactions avec les nôtres, l'exploration de votre gestuelle, et de votre façon de penser nous mènent à l'instant T ; un laps de temps magique où, d'un clin d'œil, d'une pression de main, vous nous faites comprendre que oui, décidément, nous voyons bien le monde à travers le même prisme.

Mais, que l'une de nos remarques tombe à plat, ou qu'une autre personne surgisse, avec qui vous nouez, à nos dépens parfois, ces mêmes liens que nous pensions uniques, et nous voilà exclues, rejetées du cercle magique. Notre sentiment d'abandon est alors aussi intense que celui d'un enfant relégué au fond de la classe. Pour certaines, qui ne savent pas trouver les mots, ce sentiment se transforme en fâcherie, puis en bouderie. Mais, si le sourire ni l'oreiller ne nous dérident, il vous faut mettre un terme à ce qui pourrait durer très longtemps, grâce à l'antidote : l'empathie complice. La phrase magique « Je n'ai pas réalisé à quel point ce que j'ai dit t'a fait souffrir » est la seule méthode permettant de ne plus y revenir. En tout cas dans l'immédiat…

Michel

« *La bouderie en amour, c'est comme le sel,*
il n'en faut pas trop. » (Proverbe sanscrit)

Ah ! ces regards que l'on s'adresse mutuellement dans un dîner, après avoir goûté cette sauce ravigote que nous détestons tous les deux ! La sensation de nos cerveaux connectés au neurone près, quand un invité dit une ânerie à laquelle, de crainte de nous emporter, nous choisissons tacitement de ne pas répondre, malgré l'envie qui pourtant nous démange… Ce désir soudain de vous appeler sans raison Et le nombre de fois, où en même temps, nous pensons et disons la même chose ! Vous commencez la phrase que nous finissons. Nous quittons le bureau avec l'envie de vous voir dans la robe bleue que nous vous avions offerte… et c'est en bleu que vous ouvrez la porte !

Cette complicité de tous les instants, ces petits moments que nous ne pourrions partager si vous n'étiez pas là, c'est ce qui nourrit l'amour quand la passion destructrice est (heureusement) partie, laissant plus de place au bonheur. L'aptitude à « faire la gueule » dépend des personnalités, des caractères, et il n'est pas certain que ce défaut soit sexué. Tout de même, avouez que vous avez une bonne tendance à la faire ! Deux hypothèses : ou c'est votre façon de nous faire payer nos écarts de langage, notre manque de ponctualité, nos indélicatesses, mais alors, on veut bien en parler, tandis que vous vous retranchez en boudant… Ou vous êtes à court d'arguments, et pour éviter de perdre la face, vous rentrez dans votre coquille, parce que décidément, notre mauvaise foi légendaire est parfois désarmante. Faire la gueule, c'est probablement tout ce qu'il reste à faire avec un homme qui répète, chaque fois qu'il est en faute : « Mais qu'est-ce que j'ai fait, chérie ? »

Confinement

« *L'enfer, c'est les autres, écrivait Sartre. Je suis intimement convaincu du contraire. L'enfer, c'est soi-même coupé des autres.* » (Abbé Pierre)

Notre couple fonctionne dans un système plus ou moins bien rodé, que nous avons mis plusieurs années à construire, mais le changement de contexte dû au confinement fait exploser nos repères. L'isolement en nid d'amour peut s'avérer une lune de miel… ou de fiel, car aussi sincère, profond et réciproque soit-il, l'amour ne suffit pas toujours à supporter la présence permanente de l'autre. La douillette promiscuité du début se transforme en réclusion, révélant et exagérant les qualités, les défauts, et les problèmes relationnels préexistants. Pour les couples tout neufs, ce confinement est l'instant de vérité : ça passe, ou ça casse ! L'homme sociable, drôle, et entouré devient pratiquement mutique et tourne en rond, n'ayant plus de cour où exercer ses talents. De son côté, la femme avenante, tendre et douce, se révèle une maniaque tyrannique. Heureusement, nombreux sont ceux qui s'aperçoivent que leur couple résiste grâce à l'amour et à l'humour.

Divine surprise pour la sexualité de celles et ceux que cette obligation d'être ensemble enchante, car elle exauce ce vœu secret de fusionner au quotidien, ce que la « vraie vie » rendait impossible, tant les obligations extérieures gangrenaient les moments de retrouvailles. Faute de pouvoir établir une distance physique conséquente, et pour ne pas ajouter une pression sexuelle à celle exercée par le Coronavirus, il est fondamental de maintenir une distance émotionnelle, seule capable de susciter le manque, donc le désir.

Mauvaise nouvelle au contraire pour la sexualité de ceux qui se croisent toute la journée, en slalomant entre les gamins excités par la présence de leurs deux parents transformés en maître et maîtresse d'école, cuisinier.ère, homme et femme de ménage, etc. Un logement exigu, où la chambre parentale ressemble à un moulin à vent est peu propice au respect de l'intimité de chacun. Même quand les enfants sont couchés, les parents, inquiets pour la santé et l'avenir matériel de leurs proches, exaspérés par une journée de tension, n'ont pas forcément la tête aux câlins. D'autant que savoir l'autre à moins de dix mètres est rassurant, mais pas excitant pour tout le monde. Pour avoir « envie » de voir l'autre, il est préférable de se perdre de vue de temps en temps, ce qui est certes plus facile lorsque l'on cohabite dans une grande maison entourée d'un jardin, avec pour chacun un endroit où s'isoler.

Nos repères habituels explosent, et l'impossibilité de claquer la porte enferme un peu plus. Nos travers sont exacerbés par cette boîte de Pétri dans laquelle germent le meilleur et le pire de nos qualités et de nos défauts. Les empathiques mettent à profit cette qualité essentielle, tandis que les violents y trouvent un nouveau prétexte à devenir plus violents encore. D'ailleurs, le nombre d'agressions intrafamiliales augmente d'autant plus dangereusement, que les lieux qui permettent habituellement d'évacuer les tensions, ou de repérer les malaises précurseurs, sont très limités, et que les copines et les collègues de bureau (confidents bienveillants habituels) sont hors d'atteinte. La bouderie n'est plus de mise, même pour les boudeurs patentés, car elle devient irrespirable dans un espace restreint. En théorie, la peur, l'incertitude, et l'absence de projets sont peu propices aux ébats amoureux ; en pratique, il arrive cependant qu'on s'y adonne justement pour inhiber ces pensées anxiogènes. C'est alors avec bonheur, que ce temps qui nous est donné d'une manière inespérée resserre des liens qui se relâchaient par manque d'attention à l'autre.

Il aura fallu le confinement pour que quelques un.e.s s'aperçoivent que descendre le chien n'était plus une corvée, mais une opportunité de communiquer avec leur amant ou leur maîtresse, pour les plus chanceux, avec les services d'urgences pour les femmes victimes de maltraitances, ce qui expliquerait l'explosion de divorces au moment du déconfinement.

Patricia

« *Qu'y a-t-il de pire que la solitude à deux ?* »
(Élisabeth Badinter, lors d'une interview)

Notre rapport au temps étant différent du vôtre, nous nous répartissions les tâches quotidiennes en fonction de votre charge de travail, de vos déplacements fréquents, et nous nous en accommodions. Mais l'instauration du confinement a changé la donne, et nous attendons de vous bien plus qu'un coup de main ; nous souhaitons à présent une réorganisation, et un véritable partage, que certains renâclent à entreprendre. Nombre d'entre nous se réjouissent de cette réclusion en vous voyant confrontés pour la première fois aux courses, préparations des repas, ménage, lessive, repassage, aide aux devoirs, etc. ! Maintenant que ces charges, qui nous incombaient, deviennent pour vous des réalités tangibles et incontournables, non seulement nous bénéficions de plus de considération à vos yeux, mais nous savourons d'être enfin proches de vous au quotidien.

Certains y prennent goût : cuisiner, expliquer une règle de grammaire, jouer au marchand, dessiner une marelle sur le carrelage du couloir, et raconter une histoire aux enfants avant de les border vous ouvrent des horizons inexplorés jusqu'alors. D'ailleurs : « Génial, c'est papa qui a préparé le dîner ! » nous agace un peu, car nous sommes en cuisine tous les jours depuis leur naissance sans que cela suscite le moindre encouragement. Nous nous étions promis de ne jamais nous disputer devant les enfants, et nous nous y tenions. Sauf que, comme le virus, ils sont là où nous sommes, partout, et tout le temps. Nous n'avions pas non plus imaginé héberger, en plus des nôtres, vos enfants à plein temps, faute d'avoir pu les reconduire à temps chez leur mère, à 800 kilomètres. Quant aux rapports avec nos adolescents, de tendus qu'ils étaient déjà, ils se dégradent à vitesse grand V. Alors, nous frôlons le divorce chaque jour, mais partir sans se retourner est devenu un fantasme. D'autres succombent à la tentation de la nouveauté, car la cohabitation n'apporte pas son lot de tendresse et d'attention espéré. Pour preuve, l'augmentation sensible des connexions et des messages échangés sur les sites de rencontre pendant cette période. Car, même virtuelle, toute personne qui s'intéresse à nous, qui a envie de nous, est une présence mystérieuse, donc précieuse, pour laquelle nous nous sentons capable de redevenir la femme qui vous avait séduit autrefois.

Nous pensions que ce rapprochement vous permettrait de dépasser votre tendance naturelle à la violence, celle que nous mettions jusque-là sur le compte de votre travail épuisant. Malheureusement, c'était candide de notre part. Dans un petit appartement ou dans un grand manoir, comment respecter l'injonction de rester à la maison tout en nous protégeant, les enfants et nous, de vos gifles, de vos hurlements, de vos paroles blessantes, de vos pulsions sexuelles ? Comment demander de l'aide à l'extérieur quand vous écoutez chacune de nos conversations téléphoniques ? Brutalement éclairées par la proximité, les situations extrêmes que nous n'osions pas affronter, que nous nous efforcions de nier, nous apparaissent soudain dans toute leur monstruosité, réveillant en nous de puissants réflexes de survie. S'ensuivront probablement, dès la fin des hostilités virales, le séjour des enfants chez les grands-parents, la mise en place d'une thérapie de couple, voire une séparation. Hélas ou heureusement ?

Pour les femmes amoureuses en manque de vos marques d'affection, vous savoir à portée de regard (sans se demander où vous êtes, et surtout avec qui...), à portée de voix (nous pouvons enfin aborder les sujets sensibles sans être interrompues par votre besoin de sortir prendre l'air), et à portée de corps (vous nous accordez de longs préliminaires avant l'assaut !), transforme nos rêves en évènements réels. Nous n'en sommes pas à bénir ce virus, mais tout de même, malgré les petites frictions sans importance, nous avons un grand plaisir à reprendre la vie commune et familiale là où le quotidien nous l'avait volée.

Nous pourrons aussi avoir à nous réjouir, 9 mois après la fin du confinement, de la proportion de jeunes couples que ce rapprochement inattendu aura rendus amoureusement féconds !

Michel

« *Le juste milieu. Quelque part entre s'en foutre et en crever. Entre s'enfermer à double tour et laisser entrer le monde entier. Ne pas se durcir mais ne pas se laisser détruire non plus. Très difficile.* » (Émile Ajar « L'angoisse du roi Salomon » Éd. Mercure de France, 1979)

Le confinement est en soi un traumatisme, et même si à l'intérieur du couple nous avons appris à vivre avec les fragilités de l'autre, il y a danger à ce que cet enfermement vienne réactiver des traumatismes plus anciens, plus inattendus, propres à chaque individu. Cela risque de provoquer des tensions encore plus importantes et incompréhensibles. La méfiance et la distance s'installent lorsque l'un ou l'autre sort pour faire des courses ou travailler, car il devient presque un objet contaminant que l'on appréhende avec un peu ou beaucoup de méfiance. Nous sommes ensemble sans l'être tout à fait, même dans l'intimité nous n'osons plus vraiment nous toucher.

La proximité exacerbant les caractères, les personnes à grosse libido ont des besoins encore plus importants, alors que la libido des autres évolue en état de sidération. Ce type d'écart au sein du couple (en marge de tous les autres paramètres liés au confinement avec le reste de la famille) peut générer des problèmes qui, si on les néglige, peuvent laisser des traces, dans l'esprit des parents et des enfants, même longtemps après la levée du confinement. On peut les éviter, à trois conditions :

Primo, respect absolu de l'intimité de chacun. Nous avons plus que jamais besoin de disposer d'un territoire qui soit le nôtre.

Secundo, on communique sur ses besoins… Vous me direz que ça, c'est quelque chose qu'il convient déjà de faire en période de croisière. Mais en ce moment, c'est plus qu'essentiel. Ce n'est plus le moment de se dire : « L'autre doit me comprendre sans que je parle. » Non, il faut parler, dire son manque, son trop-plein. Même si ça n'est pas dans nos habitudes de couple, on doit prendre le temps de l'écoute et de la parole ; ça tombe bien parce que la situation nous en offre, du temps...

Tertio, se ménager des moments à deux. Même si c'est pour cuisiner, voir un film, parler d'un livre, ou jouer à je ne sais quoi… « Et nos enfants, dans tout ça ? » Cet enfermement est une bonne occasion de leur expliquer ce qui se passe, notamment aux plus petits, et de leur faire comprendre que la chambre parentale n'est pas un moulin. Cet endroit doit être sanctuarisé. On y entre seulement si on est invité à le faire… Donc, quoi que nous désirions faire derrière cette porte, pensons à la fermer avec un tour de clé ! Malgré cela, il y a de nombreux enseignements à tirer de cette période particulière : entre autres, elle nous aura permis d'appréhender un peu mieux la charge mentale qui est la vôtre au quotidien, et de cela, nous saurons être reconnaissant... ou pas.

Couple

« *Être un couple, c'est ne faire qu'un. Oui, mais lequel ?* » (Oscar Wilde)

Il y a une infinité de modèles de couples. Certains sont tellement improbables, qu'une personne extérieure ne peut imaginer ni comprendre ce qui les fait fonctionner. Quand le couple va mal, la thérapie peut aider à en comprendre les ressorts, les forces, les fragilités, et surtout à envisager le conjoint sous un autre angle, en faisant preuve d'empathie. D'humilité, aussi, car malgré toute la force de l'amour, l'agacement est parfois inévitable. Les personnes que l'on était à vingt ans ne sont plus les mêmes à quarante ni à soixante ; il est donc normal d'envisager que le.la partenaire idéal.e de nos jeunes années ne convienne plus à la personne devenue plus mature. La simple divergence, provoquée par deux chemins distincts ne pourrait-elle être considérée comme une fatalité ? Et non plus comme une faute ou un échec ?

Tous les couples sont des couples mixtes à tout point de vue, même si les partenaires sont issus de la même époque, et du même village, car cela ne protège contre rien, on trouvera toujours des sujets de discorde. On peut penser un temps qu'être d'origines ethniques différentes, de religions différentes, etc., est la cause de toutes les divergences ; il n'en est rien. De quelque pays que l'on vienne, on a des loyautés familiales et culturelles à respecter. Or faire couple, c'est aussi faire de la place à l'univers de l'autre, ce qui nécessite quelques ajustements douloureux.

La construction du couple face au monde peut se satisfaire, un temps, d'un rapport fusionnel ou réparateur. Mais l'engagement dans la durée va rapidement faire émerger les conflits. D'emblée attractives, les particularités de chacun doivent être reconnues, identifiées, acceptées par l'autre comme ce qui définit l'être aimé, donc ce que l'on doit respecter. C'est ainsi que se développe l'amour dans le couple. Sans ces précautions préalables à l'engagement, toute particularité deviendra source de conflit, et le malentendu s'installera, têtu et toxique.

C'est pourquoi les deux partenaires doivent mettre leurs valeurs respectives en commun. S'ils pratiquent la tolérance et l'amitié entre eux – parallèlement à leur amour –, s'ils partagent les paroles, les projets, et le sexe, ils inaugurent les valeurs de leur couple, la trame de leur histoire. Quand l'amour vrai est là, les partenaires font cohabiter leurs univers respectifs… de tout cœur.

Patricia

Être en couple, fatalement, nous en rêvons. Que quelqu'un soit « concerné » par nous affectivement, mentalement, et matériellement de façon permanente ; que chacun enrichisse ce formidable laboratoire de vie, sans qu'aucun cherche à prendre le pouvoir sur l'autre, c'est notre souhait le plus cher. Il est difficile d'accepter vos différences, mais nous sentons, d'instinct, que cela est nécessaire pour maintenir, et enrichir la relation. Le mot « compromis » semble sonner le glas de la zone de confort dans laquelle nous nous étions installées ; chaque « arrangement » concédé à l'un par l'autre, même de bon cœur, se transformera tôt ou tard en revendication houleuse.

En revanche, si nous nous amusons ensemble à distribuer et disposer autrement les cartes sensibles sur le tapis de la concorde, nous avons de grandes chances de résoudre la plupart des problèmes et ce jeu-là nous convient très bien. Quel que soit le temps que dure notre couple, nous constatons que vous restez différents de nous. C'est cette constance qui nous inquiète : « Un jour, il choisira une autre femme pour vivre pleinement la partie de lui qu'il retenait par égard pour moi. »

Le nombre de femmes qui vivent seules ne cesse d'augmenter ; autour de nous, nos nombreuses amies solitaires en sont les preuves vivantes, et cela nous terrorise. Être un peu comme Pierre et Sophia ou Karim et Aude, unis pour toujours, serait inespéré, nous nous satisferions même d'une vie de couple pour quelques années seulement… Tout, plutôt que céder aux humiliantes séances de speed dating, ou aux improbables rencontres sur Internet. Pour ne pas croiser dans le miroir le masque déprimant de la femme délaissée, nous différons parfois longtemps l'éclatement inéluctable de ce couple qui n'en est plus vraiment un ; nous le maintenons encore à bout de cœur, à bout de souffle, dans cette relation qui nous meurtrit. Les jeunes femmes ne sont justement pas protégées par leur jeunesse, et l'éclatement du couple qu'elles croyaient avoir forgé, même très tôt, les meurtrit tout autant que leurs aînées.

Michel

« *Les femmes d'aujourd'hui comprennent tout à l'exception de leur mari.* » (Oscar Wilde)

Pour nous, « être en couple » signifie bien « être deux ». Vivre avec vous, c'est d'abord un rêve. Quand ça devient une réalité, malgré les difficultés d'adaptation, nous sommes comblés. Malheureusement, il n'en est pas de même pour vous ; vous voulez une preuve matérielle de l'existence de ce couple. Vous avez aimé le dire, quand nous avons décidé de partager un toit, et des jours. Vous voulez ensuite annoncer à vos amies, à votre famille que vous êtes en couple. C'est comme une promotion.

Parmi les preuves : une bague, un appartement, un enfant ; bref, tout signe ostensible de partage, ou couplage capable de vous sécuriser en vous donnant la certitude d'un projet de vie. La vie de couple, nous l'envisageons plutôt s'inscrire au jour le jour ; peut-être est-ce par peur de l'engagement ? Dire qu'on est en couple donne à la relation un côté rangé, définitif ; or nous n'aimons pas cette notion d'irréversibilité, elle nous angoisse. Alors, on tergiverse : vous dites qu'on est « en couple » ; nous disons que nous sommes « ensemble »…

Cunnilingus

Dans cette pratique sexuelle, qui équivaut pour la femme à une fellation, on « caresse » avec ses lèvres et sa langue les parties génitales féminines. Cette pratique est loin d'être une aptitude naturelle, même si la plupart des mammifères semblent s'y livrer ; c'est avant tout une technique à laquelle on doit s'initier, et réapprendre chaque fois que l'on change de partenaire.

Certains hommes, que cette pratique rebute, s'y refusent absolument, surtout pour une première rencontre : ils ne consentent à l'essayer que lorsque le degré d'intimité avec leur partenaire a rendu l'expérience possible.

Il existe des cultures pour lesquelles cet exercice est totalement interdit, puisqu'elles refusent que la bouche puisse rencontrer le sexe ; c'est donc en état de culpabilité que certains courageux bravent les traditions pour réjouir leurs amoureuses. Concernant l'actuelle génération des hommes et des femmes de vingt-cinq à trente-cinq ans, 70 % d'entre eux reconnaissent pratiquer le cunnilingus avec bonheur. Dans tous les cas, les principales conditions pour que chacun y prenne du plaisir sont le consentement et la confiance, que l'on doit d'abord établir, implicitement ou explicitement, avant de passer à l'acte.

Chaque femme éprouvant une sensibilité différente de la vulve et du clitoris, il existe beaucoup de manières de pratiquer un cunnilingus… et peu de règles générales pour qu'il devienne une source de plaisir intense. Il s'agit de découvrir ce qu'elle aime, ou le lui faire découvrir si elle est novice ; et si elle connaît déjà ses préférences et aversions, être attentif à ce qu'elle dit ou manifeste. Ensuite, il convient de trouver ensemble la position détendue, qui n'oblige pas à s'interrompre à cause d'une crampe. Celle qui débloquera les tenaces appréhensions de ceux qui s'y essaient pour la première fois, et facilitera grandement l'accession au plaisir de la compagne.

Patricia

Puisque nous y sommes, autant vous le dire ; cet exercice vous donne parfois l'air un peu drôle, lorsqu'on ne voit plus de vous que vos deux yeux attendris au-dessus de cette moustache qui n'est pas la vôtre. Et puis, vous manquez souvent de précision. Comme ce n'est pas un cornet de glace, le bonheur n'est pas toujours au rendez-vous. Comprenez aussi que l'on peut avoir eu beaucoup de plaisir lors de notre dernier rapport sexuel, et demeurer totalement insensible durant le suivant.

Votre « technicité » n'est pas forcément en cause ; ne vous sentez pas vexés si nous mettons rapidement fin à l'exercice, préférant à cet instant un rapport plus… traditionnel. Surtout, sachez que tout ce qui est systématique nous agace profondément ; ce qui nous a rendues extatiques, pendant les trois premières minutes, peut s'avérer fort irritant dès lors que l'inventivité devient recette.

En fait, ce n'est pas forcément notre mode d'excitation principal. Mais lorsque nous sentons dans votre regard et vos baisers, votre désir profond de nous donner du plaisir par tous vos moyens, et que vous vous assurez qu'aucune partie de notre corps ne vous reste étrangère, nous pouvons alors nous abandonner avec délice.

Michel

Adolescents, nous donnions d'emblée « notre langue à votre chat », en toute ingénuité, et toute maladresse ! Ensuite, il est facile à trouver, avec un peu d'expérience, ce petit bout de chair qui vous fait partir en vrille dès que notre nez s'en approche. Et, franchement, ça n'est pas désagréable du tout, inodore, souvent sans goût non plus, nous aimons cette sensation de le voir durcir sous la langue, finalement, beaucoup plus sensible que le doigt. Bon, vous me direz que le cunnilingus, ça n'est pas seulement le clitoris. Il y a toute la région… Et s'il y a de quoi être gêné au début de notre « carrière », nous nous apercevons, avec le temps, que vous titiller le périnée, ou les grandes lèvres vous amuse beaucoup.

Alors, pourquoi ne pas vous faire plaisir ? Pourtant, certaines femmes éprouvent de la gêne à l'idée que l'on puisse rapprocher nos filets olfactifs de cette zone dont les sécrétions ne sont pas toujours issues de la recherche en cosmétique. Détendez-vous, nous aimons vos effluves corporels. Il n'y a rien de plus fade qu'un cunnilingus sans odeur (dans des limites raisonnables, quand même) : c'est comme si nous dégustions une glace, mais tiède, et sans parfum ! Sauf que cette glace peut s'avérer dangereuse : attention au papillomavirus ! Nous ne souhaitons pas développer un cancer oropharyngé… Pas trouvé de citation pour conclure, pourtant, j'en avais une sur le bout de la langue…

Désir

« *Ce qu'on n'a pas, ce qu'on n'est pas, ce dont on manque.*[10] » (Platon)

Le désir est l'excitation, à la fois psychique, émotionnelle, et physiologique, qui prélude à l'éveil de la sensualité, et le potentiel d'énergie qui pousse à l'action, à la joie, au bonheur… Il sommeille au secret de la mémoire, constitué à la fois d'impressions heureuses, de satisfactions que l'on souhaite retrouver, et de privations, de manques accumulés qui encouragent à reproduire inlassablement ce souvenir ancien. Depuis le sein ou le biberon, en passant par le morceau de chocolat, et jusqu'à l'être aimé, l'humain n'étant jamais satisfait, le désir ne s'arrête qu'à l'occasion d'une sévère dépression, ou à la fin de la vie. Les pulsions qui sommeillent en soi provoquent une tension que seul le plaisir peut apaiser. Faute de plaisir sexuel, l'on peut exulter par la création artistique, ou l'activité physique, jusqu'au paroxysme de l'émotion et des sensations.

Les comportements sexuels rattachent chacun au règne animal, mais, en plus de l'instinct, ils sont conditionnés par la quête de satisfactions susceptibles d'apaiser

10. Platon, *Le Banquet*, E. Chambry, Flammarion, 1964.

les manques, entraînant le désir, et enfin le plaisir. Cette force, qui pousse un être vers un autre particulièrement, dépend de nombreux facteurs, notamment la libération des neurotransmetteurs nécessaires, et l'affûtage des cinq sens reconnus. La vue : « Dès que je l'ai vu.e, j'ai su que… », l'ouïe : « Sa voix au téléphone m'a séduit.e », l'odorat : « Son odeur m'a chaviré.e », le toucher : « Sa main sur la mienne m'a paralysé.e », et le goût :
« Ce baiser, c'était mieux qu'un dessert. »

En amour, il peut naître d'un mouvement de cheveux, d'un parfum, d'une voix. Il peut se ranimer par des mots doux, un code secret entre les deux partenaires qui résonne de manière érotique en rappelant un délicieux souvenir. Le désir se nourrit aussi du fantasme, cette attirance fusionnelle que provoque une démarche, une voix, une odeur, qui peut disparaître immédiatement à la vue d'un détail rédhibitoire lors du premier rendez-vous : face à la réalité, le désir s'enfuit… Chaque couple possède ses propres clés pour ouvrir la porte du royaume de la tentation ! Désirer est tout aussi excitant que se sentir désirable. Attention cependant, car désirer quelqu'un ne donne pas le droit de le posséder sans son consentement.

Patricia

« *Indépendamment de ce qui arrive, n'arrive pas, c'est l'attente qui est magnifique.*[11] » (André Breton)

La lune projetait un halo particulier, et vous veniez de passer la main dans vos cheveux d'une manière si attendrissante que, tout à coup, l'envie de vous arracher votre chemise nous a envahies ! Pourtant hier, alors même que nous étions folles de désir à l'idée de vous retrouver, que nous avions élaboré un scénario érotique très précis, il a suffi que vous vous énerviez en voiture, en gratifiant un conducteur étourdi de tous les noms d'oiseaux, pour que notre désir s'évade !

Chez nous, le désir est très volatil, mais rassurez-vous, il peut aussi revenir au galop. Vous pouvez déceler sa présence en nous, puisqu'il nous illumine, change notre comportement, notre démarche, parfois aussi le son de notre voix. Vous et nous sentons également sa disparition, mais pour ce qui est de le prévoir, de le faire revenir, ça demande des efforts de présentation, de la douceur, de l'imagination, et… du doigté !

Il nous arrive de nous enflammer en sentant votre propre désir ! Nous n'étions pas particulièrement désirantes ce jour-là, mais vos yeux affolés, l'altération de votre voix, et votre pantalon gonflé nous ont fait craquer, et monter le rouge aux joues. Vous connaissez

---

11. André Breton, *L'Amour fou*, Gallimard, 1937.

déjà ce qui, dans le passé, nous a fait basculer dans l'état de désir ; vous seul en détenez les clés, et savez mieux encore ce qui le fera fuir !

Michel

« *Tout vrai regard est un désir* » (Alfred de Musset)

Grande question : qu'est-ce qui fait qu'à un moment donné, nous avons envie de vous ? À vrai dire, et sans aucun romantisme, il doit y avoir un effet hormonal, notamment la production immédiate de testostérone, indispensable pour vous aussi, mesdames, même si vous en avez dix fois moins que nous. La preuve : sa diminution sensible entraîne, comme chez nous, la diminution progressive de la libido ; n'oublions pas non plus la prolactine, qui intervient aussi dans la diminution du désir. Mais ne résumons pas tout notre psychisme à une vulgaire affaire de sécrétions. Il suffit parfois d'une jupe, de bottes, d'un maquillage, d'une odeur, d'un parfum pour que nos sens soient en émoi, que notre désir soit irrépressible. Mais attention : il part parfois aussi vite qu'il arrive ! Les causes possibles sont multiples : des aréoles poilues, le vernis écaillé sur vos ongles, une démarche pesante, un parfum rédhibitoire, etc. Quelle que soit sa nature, le désir résume tous les phénomènes physiologiques et psychologiques qui poussent l'individu à posséder un objet, dans le but d'en tirer du plaisir, de la satisfaction. Parmi tous les désirs possibles, le désir sexuel a un rôle prépondérant, en voici la preuve par l'absurde : que se passerait-il si le désir sexuel n'existait pas ? Rien. Rien du tout, puisqu'il n'y aurait personne. Sans désir, pas de sexe, sans sexe, pas de nous !

Écrans

« *Une maison brûle, mais elle n'intéresse personne. Par contre, à cinquante mètres de là, devant la vitrine d'un magasin, on regarde les maisons brûler sur l'écran d'une télévision. La réalité est là, à deux pas, mais on préfère la guetter sur le petit écran : puisqu'on l'a choisie pour vous la montrer, ça doit être mieux que cette maison qui brûle à côté de vous. La civilisation de l'image est à son apogée.*[12] » (Romain Gary)

En envahissant les vies, les smartphones, tablettes, et montres connectées ont changé la donne de la vie privée. Tout le monde sait tout sur tout le monde. Une aube filmée au bout du monde fait vibrer sur la tablette, alors qu'au même moment, un coucher de soleil auquel on ne prête aucune attention embrase le ciel devant soi. Quels que soient l'origine, le pays, la classe sociale, et l'âge, les multiples écrans et appareils connectés inhibent, progressivement, l'intérêt pour la vie réelle. Les trois à cinq heures consacrées quotidiennement aux écrans laissent peu de temps pour rêver, aimer, et désirer…

Il n'est plus rare de voir un jeune couple installé dans un restaurant, chacun tapotant sur un écran, sans

12. Romain Gary, *Chien blanc*, Gallimard, 1970.

s'adresser la parole. Les personnalités médiatiques de la politique, du théâtre, de la télévision, de la chanson, etc. ont du mal à échapper aux hallucinantes, et inconvenantes demandes de « selfies » faussement intimes, qui circuleront dans la minute suivante sur les réseaux sociaux.

Chacun et chacune peut être joint et jointe n'importe où, n'importe quand, même dans son lit, à n'importe quelle heure. Le piratage des données les rend vulnérables, et les fausses nouvelles embrasent les foules aussi rapidement qu'elles retombent dans l'oubli. Mais puisqu'il est question ici du couple, il faut savoir qu'une grande partie des infidélités conjugales sont mises à nu « grâce » aux textos, courriels, et autres échanges malencontreusement découverts.

Patricia

À force de caresser vos écrans, vous allez en oublier la douceur de notre peau.

Notre organisation cérébrale nous permet de faire plusieurs choses en même temps : préparer le repas, surveiller les enfants, et rédiger un rapport tout en téléphonant. Mais quand vous êtes là, de nous savoir au téléphone (que nous appelions ou que nous répondions) vous irrite. Au moment précis où nous téléphonons (ou échangeons par textos ou courriels), vous n'aviez pas l'intention d'engager la conversation ; pourtant ça vous agace que nous communiquions avec d'autres, que nous ne soyons plus à votre écoute. Surtout quand, en plus, vous ne débordez pas d'affection pour nos interlocuteurs... Quant à vous, il est très compliqué de vous faire décrocher de ce qui devient une presque addiction, les échanges, les parties de jeux à plusieurs joueurs qui ne se connaissent pas, et ne se connaîtront jamais. Nous dépensons beaucoup d'énergie pour que notre couple reste vivant. Même regarder ensemble la télévision nous paraît préférable à ce sentiment de solitude qui nous gagne, en nous observant, assis chacun à un bout du divan avec son smartphone à la main.

C'est vrai qu'elle n'était pas terrible, la série que nous avions choisie hier à la télé, mais les comédies sentimentales nous font toujours craquer. Alors, par quel miracle la « zapette » devient-elle chaque soir votre propriété exclusive ? Et par quel autre miracle avons-nous accepté de subir deux heures de finale de football, et le lendemain, la première étape du Tour de France ? La prise de pouvoir est insidieuse.

Oui, nous sommes effectivement connectées, et passons du temps devant nos écrans, mais si vous nous aviez donné le choix, nous aurions préféré une soirée sans écran, à roucouler dans vos bras. Nous avons essayé toutes les ruses possibles : la panne au disjoncteur, la perte de la télécommande, et des portables, le dîner aux chandelles, la discussion animée, mais cela ne fonctionne qu'une fois sur dix. Compte tenu de l'énergie dépensée, de l'ingéniosité de nos manigances, et au vu du résultat, nous sommes nombreuses à baisser les bras et à retourner sur notre tablette personnelle, ou notre ordinateur pour avoir, au moins, le choix de nos addictions.

Michel

Vous êtes des obsédées du smartphone ! Et ne nous dites pas que, nous aussi… D'ailleurs, le soir, gare à nous si l'on suggère de mettre le vôtre sur le mode « avion » : « Tu n'y penses pas ! Si quelqu'un voulait nous joindre ? » Parce que votre problème, c'est ça : « Au cas où ! » À aucun prix, vous ne voulez louper un appel. Mais dites-nous, comment faisait-on avant, je vous prie ? Seriez-vous plus indispensable le conseil des ministres réuni pour rester joignable 24 heures sur 24 ?

Oui, ça nous énerve, et plus encore. Comme vous ne pouvez pas glisser le portable dans votre poche (vous n'en avez pas), ni dans votre grand sac à main (vous ne le retrouveriez pas avant la fin de la sonnerie), ni dans le petit (trop petit), vous le gardez à la main ; ça vous fait ressembler à un « manchot ». Et pour peu que vous portiez le sac de l'autre main, il nous reste quoi, à nous ? Enfin, les SMS que vous recevez, et lisez sous notre nez sans nous dire de quoi il s'agit, auxquels vous répondez posément, sans même vous excuser, ça nous rend dingues… et ce n'est pas de la jalousie !

Quant aux soirées « télé », si c'est pour s'allonger sur le canapé avec vous pour l'émission de Nagui… Et puis quoi, encore ? Vous ne voudriez pas en plus qu'on se tape le téléachat ! Pour nous, la télé, c'est d'abord le sport, bière à la main, pieds sur la table basse, et engueuler l'arbitre, qui n'a pas sifflé le penalty que tout le monde a vu, sauf lui. Ensuite, un film, un bon, un viril, pourquoi pas ? Inutile de susurrer qu'on repasse encore « Autant en emporte le vent ». Nous échangeons volontiers ces quatre longues heures contre deux avec « Les Tontons Flingueurs » ou « Le Salaire de la peur », même si on n'en voit que la première demi-heure. D'ailleurs, le reste de nos soirées télé se finit toujours avec le copain Morphée. Mais on aime les infos : The JT ! Là, surtout, aucun bruit pendant qu'on comptabilise les manifs, et qu'on écoute les politiques. Forcément, parfois, on gueule :

« Vos gueules ! » Pardonnez-nous, mais c'est la journée de boulot qui nous a mis les nerfs à vif ! « Et moi, je ne travaille pas, peut-être ? » « Bien sûr, chérie, et tout à l'heure, tu pourras te détendre si tu veux, mais s'il te plaît… pas Nagui !! Et non, ce n'est toujours pas de la jalousie… »

Enfant (désir d')

Depuis la nuit des temps, la féminité est associée à la fécondité. Divers mouvements d'émancipation féminine à travers les siècles ont, l'un après l'autre, battu en brèche cette association trop restrictive. Les progrès de la médecine permettant désormais de congeler les ovocytes, de plus en plus de jeunes femmes, n'ayant pas encore de projet de maternité, optent pour cette solution, qui leur permet de faire reculer la limite d'âge de la femme dans son pouvoir de procréation, la fatale « deadline ». C'est cette expression anglaise qui exprime sans doute le mieux la frontière entre la femme encore féconde, et la femme qui sait qu'elle doit renoncer à tout jamais à enfanter.

Bien avant le désir réfléchi, médité, argumenté, justifié de faire un enfant, il y a, dans un coin du cerveau reptilien, la nécessité absolue de se prolonger, de payer sa dîme à la vie. C'est probablement pour obéir à cet ordre lancé depuis la naissance du monde que, en toute bonne foi, la femme oublie sa pilule, tandis que l'homme oublie de se retirer, justement quand sa partenaire est en période féconde. Le nombre des follicules dits primordiaux est déterminé dès la vie fœtale des petites filles. Ils se développent jusqu'à la ménopause, puis entrent en apoptose (mort cellulaire programmée). Des 200 000 aux 500 000 contenus dans chaque ovaire à la naissance, il n'en reste plus que quelques dizaines à la ménopause. D'où la nécessité, pour les femmes, de respecter leur horloge biologique.

Contrairement aux idées reçues, les hommes ne sont pas aussi épargnés qu'ils veulent le croire, puisque dès leur vingt-cinquième année, leurs capacités reproductrices décroissent de 2 % par an, et la qualité de leur sperme s'altère. En effet, les vieux pères génèrent sensiblement plus d'enfants malformés que les moins de trente-cinq ans : fausses couches, trisomie 21, ostéogenèse problématique, etc. même dans les cas d'insémination ou de FIV (fécondation in vitro).

Patricia

Depuis l'adolescence, l'horloge biologique se rappelle à nous tous les 28 jours. Très tôt, nous avons conscience que le temps nous est compté – à commencer par le temps de l'insouciance à l'arrivée de nos premières règles –, que notre fécondité n'est pas éternelle, et qu'aux premières « bouffées » de chaleur, il sera trop tard. Même le « bonus », désormais accordé par les derniers progrès médicaux, a ses limites.

Notre nature féminine nous donne donc du temps une notion particulièrement sévère. Pas à vous. Calimero dirait : « C'est vraiment trop injuste ! » Nous avons opté avec bonheur pour les moyens de contraception, qui nous mettaient à l'abri d'un « accident », mais nous n'avons pas réalisé que, à l'inverse, notre corps ne serait pas aussi discipliné lorsque nous aurions un désir de maternité. Certaines ont fait l'amère expérience des problèmes d'infertilité, des recours à l'insémination artificielle, à la PMA (procréation médicalement assistée), à l'adoption, et parfois même au deuil d'une maternité pourtant très désirée. Cette menaçante perspective nous pousse à chercher celui qui satisfera notre désir d'enfant à temps. Alors c'est vrai, on vous bouscule ; notre désir précède souvent le vôtre. Cependant, n'oubliez pas que vous choisir, vous et pas un autre, pour devenir le père de nos enfants est notre plus beau cadeau. Il rend hommage aux capacités que vous avez d'être un bon géniteur, en même temps qu'un bon amant, un bon compagnon, un bon père…

En créant un enfant, nous avons souhaité mettre en commun tout ce que nous avions de meilleur pour fabriquer un être humain extraordinaire : notre histoire, notre héritage culturel, notre loyauté familiale, nos traits physiques et de caractère. Mais aveuglées par l'amour, nous n'avions pas vraiment réalisé que nous n'avions, vous et nous, ni les mêmes histoires ni les mêmes loyautés. L'amour transcendant tout, c'est l'esprit en paix, que nous nous sommes émerveillées de nos différences. Mais lorsque l'enfant paraît…

Il est vrai que les jeunes femmes très investies dans leur vie professionnelle sont moins impatientes d'endosser ce nouveau rôle, et que c'est parfois vous qui les pressez un peu. Pourtant, que la rupture amoureuse éclate à un âge déjà critique, et les voilà tout aussi angoissées que leurs aînées, à la perspective de devoir rechercher non plus un amoureux, mais un père potentiel pour l'enfant qu'elles auront certainement envie de concevoir.

Et comment faire l'impasse sur celles qui, pour diverses raisons, ne veulent ni procréer ni adopter ? À l'origine de ce choix, il peut y avoir un traumatisme avec la mère (surinvestie à l'extérieur, indifférente, malade, hostile, etc.), une relation compliquée avec le père (trop absent, trop pressant, violent, etc.), une pathologie héréditaire, la peur d'être une mère défaillante, une passion professionnelle ou artistique dévorante, ou tout simplement l'envie de vivre libre, seule ou accompagnée… Beaucoup de mères épuisées par l'éducation de leurs enfants envient ces femmes qui ont dit « non » aux contraintes de la maternité ! Surtout quand leur nid d'amour originel est devenu une garderie bruyante…

Michel

Chez l'homme, le désir d'enfant est différent du fait qu'il n'est pas lié à un changement biologique. Nous sommes généralement moins pressés que vous dont l'impatience est due, peut-être, à votre angoisse de vieillir. Nos testicules fabriquent des spermatozoïdes pratiquement jusqu'à notre dernier souffle, et nous autorisent donc, sans limites d'âge, à procréer quand nous le voulons, tandis qu'avec votre stock d'ovules qui diminue chaque mois, vous n'avez pas de temps à perdre, et vous nous mettez la pression. D'accord, il ne s'agit pas uniquement d'un problème de stock, et l'on vous entend d'ici : « On vous aime, on veut un enfant de vous, c'est si difficile à comprendre ? » Non, non, on comprend. OK pour le premier.

Neuf mois plus tard, on se retrouve avec un rejeton dans les mains… La première naissance, c'est là qu'on réalise que tout commence pour nous : ce désir de paternité, que l'on ne vivait pas comme votre besoin de maternité, prend vraiment corps…

Mais faut-il pour autant enchaîner avec une nouvelle gestation, alors qu'on vient juste de se remettre de quatre mois d'insomnie ? Ne pourrait-il pas attendre un peu, le deuxième ?

Famille

« *La famille, ce havre de sécurité, est en même temps le lieu de la violence extrême*[13]. » (Boris Cyrulnik)

Créer une famille, par hasard ou par choix, faire partie de ces tribus en construction (décomposées, recomposées ou éclatées) suppose une vigilance, une abnégation et une philosophie à toute épreuve. En effet, la famille est le lieu de tous les conflits, et de tous les bonheurs, où le couple parfois se perd, et parfois retrouve une nouvelle vigueur. Or, s'il y a un espace-temps de notre vie, où nos différences de culture et d'éducation s'expriment avec force, c'est la famille. Statistiquement, à l'intérieur d'un couple, quelle qu'en soit la composition, la majorité des disputes naît, et explose, sur les problèmes d'éducation.

Les familles recomposées ont, en outre, à faire face aux conflits de loyauté. En effet, en voyant l'un des deux parents souffrir de la séparation, les enfants ne peuvent donner leur affection au beau-parent sans avoir le sentiment de trahir leur père ou leur mère. Cette situation complique leur existence, quand l'entreprise « famille » est encore en rodage. L'importance du « qui fait quoi, avec qui, et comment ? » est primordiale. Il

13. Boris Cyrulnik, *Les Nourritures affectives*, Odile Jacob, 2000.

est essentiel de poser des règles claires entre adultes, afin que les enfants s'y repèrent sans être tentés de jouer des uns et des autres pour faire éclater cette nouvelle cellule familiale, déjà fragile. Patience, détermination, humour et bientraitance parviendront à transformer, dans un futur pas toujours immédiat, la meute agitée du début en un clan solidaire et sans doute heureux…

Patricia

Même lorsqu'il s'agit de nos enfants communs, nous nous renvoyons à la figure la progéniture qui nous agace à un moment : « Ta fille a encore… », « Ton fils, comme d'habitude, a cassé le… » En ce qui concerne les familles recomposées, on a beau aimer les enfants, les vôtres et les nôtres, ce n'est tout de même pas pareil. Pour les vôtres, nous voyons les aspérités et les failles, qui passent inaperçues chez les nôtres. Mais tous s'accordent sur le même point :

« C'est pas juste ! Pourquoi lui, il a le droit de…, et pas moi ? » Alors, nous sommes parfois irritées en constatant votre manque de réactivité face à des débordements que nous ressentons comme excessifs. La jalousie exacerbée des uns et des autres, aggravée par leur impression que les punitions tombent d'une manière totalement injustifiée et arbitraire, les incite à se plaindre en permanence. Ainsi vous poussent-ils souvent à un laxisme de culpabilisation, pour ne pas faire souffrir davantage vos petits chéris. Même si nous ne sommes que la belle-mère, il y a bien des moments où nous aimerions recadrer tout ce petit monde. Avec votre aide si possible...

Quant à votre ex, puisqu'elle est aussi la mère de vos enfants, nous n'avons pas une indulgence démesurée à son égard, surtout en l'imaginant dire les pires horreurs à propos de nos principes d'éducation. Il arrive cependant que, heureuse d'être débarrassée d'un mari encombrant, et rassurée d'avoir à ses côtés une présence féminine apaisante, elle nous en soit finalement reconnaissante. En vous choisissant, nous héritons également de toute une famille, qui vous a connus, vous, en couple avec une autre, et qui délicatement, fait des comparaisons entre elle et nous. Nous sommes donc condamnés, vous et nous, à l'innovation ! Quelle que soit la composition de notre famille, nous devons inventer une nouvelle façon de vivre ensemble, ainsi pourrons-nous peut-être faire émerger notre « nouveau couple » ; c'est-à-dire celui qui n'est plus seulement un couple parental, mais l'union de ces deux amoureux pleins de désirs, qui avaient souhaité reconstruire une vie de bonheur.

Michel

« *L'amour d'une famille, le centre autour duquel tout gravite et tout brille.*[14] » (Victor Hugo)

C'est fou les différences entre ce que nous idéalisions et ce que nous vivons. Nous aurions aimé être père, et mari dans une famille « simple », ne nous posant aucune question (ou presque) sur l'équilibre décisionnel. La réalité est bien différente depuis que nous nous sommes « recomposés ». Nous nous demandons quotidiennement si le fait de punir le fils de l'autre, ou de récompenser notre propre fille ne risque pas d'entraîner une réaction sismique en chaîne, et les scènes de jalousie qui en résultent. On aimerait retrouver la spontanéité des relations parents-enfants, mais c'est inéluctable, notre cerveau subit un conflit intérieur, qui transforme parfois les familles recomposées en familles décomposées.

14. Victor Hugo, 31 décembre 1831.

Fantasme

« *Les fantasmes ne commandent pas la vie sexuelle, ils en sont la nourriture.* » (Henri Barte)

Un fantasme peut surgit de l'inconscient, là où se cachent les pulsions les plus incompréhensibles, ces scénarios « honteux » en soi, ponctués de maltraitances, de pornographie, de torture. En revanche, un fantasme érotique ne heurtant pas la morale, il autorise la transgression de quelques interdits, tout en épargnant la structure mentale et émotionnelle.

Tout cela n'est qu'une question de « libido » (mot latin signifiant « désir »), c'est-à-dire l'énergie qui génère les pulsions, entraînées par des hormones, dont la testostérone, produite par les testicules, les ovaires, les glandes surrénales. Maintenir cette énergie à bon niveau quand les années se sont accumulées, c'est possible.

Fantasmer, c'est donner au cerveau la liberté de créer toute fiction susceptible de se redynamiser. Dans une relation heureuse, la sexualité n'est pas réservée à la seule procréation ; riches d'amour et de désirs, l'on connaît les enjeux relationnels avec l'autre et soi-même (amour, tendresse, conjugalité, séduction). Pourtant, une partie de cette mécanique semble n'en faire qu'à sa tête : l'inconscient ! Et l'on découvre, en avançant le long du temps, que les fantasmes envoyés par cet inconscient sont des séquences de sa propre histoire, les meilleures et les pires. Et pas moyen de trier !

« À quoi rêves-tu ? Où s'enfuient tes pensées ? » Si l'on pouvait connaître les fantasmes de l'autre, on serait étonné, même horrifié. Chaque personne « s'écrit » des scénarios sur mesure, pour permettre à l'acteur principal – soi-même – de libérer son imagination active, ses désirs les plus intimes, de mettre en scène les décors, les acteurs, et l'intrigue, qu'ils soient issus de la mémoire, ou qu'ils soient inventés. La mise en situation peut être récurrente, ou différente chaque fois…

Par définition, le fantasme échappe à toutes les lois qui régissent la vie ordinaire. Des personnes bienveillantes se lâchent dans des constructions perverses et cruelles ; d'autres, naturellement autoritaires, n'aiment rien tant qu'être maltraitées et réprimandées ; certaines deviennent, le temps d'un rêve, une personne de l'autre sexe… Là règnent les secrets les mieux gardés de chacun. Et c'est justement en les cachant jalousement dans son jardin secret que l'on préserve leur efficacité.

Patricia

Dans l'idéal, notre plus joli fantasme, ce serait vous ! Dommage que vous ne mettiez pas toujours la bonne volonté nécessaire pour le cultiver. Après trois nuits d'amour ratées, nous résistons difficilement à la tentation de parvenir quand même à nos fins ! Nous nous imaginons être l'héroïne échevelée d'un sérail bisexué, où chacun fait montre d'une totale dévotion envers la moindre partie de notre corps en feu… Et c'est la version « soft », parce que si l'on vous expliquait véritablement le fond du fond de notre imaginaire, vous seriez profondément déprimés !

En plus de ces fantasmes, que nous produisons « pendant », nous ne serions pas contre la réalisation de tous ceux qui nous viennent à l'esprit dans la journée. Rien de mieux qu'une situation réelle pour générer des folies imaginaires ! Et ceci au grand étonnement de notre collègue de bureau, perplexe devant notre sourire béat. Pour exemple…

Non, pas d'exemple… car les lieux où nous imaginons exploser de bonheur sont infinis, et parfois fort étonnants !

Michel

« *Les hommes sont empêtrés dans leurs fantasmes comme des spaghettis dans du parmesan fondu.* » (Frédéric Dard)

D'abord, c'est quoi, un fantasme ? Quelque chose d'impossible à réaliser ? Comme cet homme qui rêvait d'entrer à moto dans un vagin ? Ou cette femme qui rêve d'être un docker violent ?…. Il faut vraiment avoir de l'imagination, ou être encore jeune ! Car jeune, on rêve beaucoup ; on a des fantasmes forts, nombreux, et très actifs. Avec l'âge, ce sont surtout des situations particulières, inhabituelles, et insolites, qui peuvent provoquer des fantasmes. Quel est celui qui, allongé sur un lit d'hôpital, et franchement pas en bonne posture pour jouer le séducteur, reste insensible à la vue d'une jolie infirmière en blouse devenue transparente devant la lumière de la fenêtre ? Le fantasme de l'infirmière est banal ; on peut en parler sans gêne. D'autres surprennent davantage : la femme rencontrée dans un contexte public, pour des motifs professionnels ou intellectuels, chez qui nous découvrons des qualités, des pouvoirs, et des aspects insoupçonnés…

Suis-je particulièrement pervers ? Ou sommes-nous nombreux à avoir imaginé telle ou telle collègue triste, ou qui nous parle régulièrement de son mari, en bas résille, en train d'essayer une position à laquelle même le sage Vatsyayana n'avait pas pensé en rédigeant le Kama sutra, et bien sûr avec quelqu'un qui n'avait absolument aucun lien de parenté avec son mari ?

Fellation

Acte sexuel consistant à exciter les parties génitales masculines par des caresses buccales. En langage courant : sucer, faire une pipe, etc. ; les expressions ne manquent pas, et la pratique remonte sans doute à la nuit des temps. C'est le sage Vatsyayana, ayant vécu en Inde vers le ve siècle, qui pour la première fois évoque ces jeux de bouche dans un recueil, le Kama sutra. La sexualité y est traitée avec une grande liberté de ton ! L'auteur insiste sur le fait que sa connaissance et sa maîtrise rendent irremplaçables les femmes qui s'y instruisent, précieux atout dans cette société très polygame. Entre autres conseils avisés, cet humaniste mentionne la fellation, qui par pressions, baisers, succions, caresses rythmées, et autres « va-et-vient », mène agréablement l'homme à l'orgasme. La jeune génération, biberonnée aux films pornographiques, imagine difficilement une relation sexuelle sans fellation. Mais attention ! Le sperme peut contenir des cellules lymphocytaires transmettant des maladies virales telles que sida, hépatite B, et C, herpès, blennorragie, syphilis, papillomavirus, etc. Sachant que la moindre altération de la muqueuse est susceptible de favoriser cette transmission, il est nécessaire d'utiliser un préservatif pour les pénétrations buccales, vaginales et anales, afin de ne pas se gâcher le plaisir.

Patricia

« *Politiquement correct : les femmes qui refusent la fellation, on les appellera désormais les non-d'une-pipe.*[15] » (Les Nuls)

Certaines femmes, dopées par la passion que vous leur inspirez, vous proposent volontiers cette gracieuse mise en bouche. D'autres au contraire s'indignent et s'effarouchent à la simple évocation de la chose, qu'elles trouvent dégradante, réservée aux stars du porno, mais elles sont peu nombreuses puisque 80 % des femmes reconnaissent la pratiquer.

Plus nombreuses, et très différentes des « goulues » aux sourires en forme de chambre à air des films X (forcément réalisés par des hommes), sont les femmes qui n'y trouvent que le plaisir de vous sentir vous abandonner. Même amoureuses, elles craignent de voir votre élan se conclure par un épanchement qui est rarement de leur goût. Entre ces deux catégories, l'on trouve beaucoup de femmes qui, animées par la curiosité, puis par la sensualité de cette caresse si intime, sont bouleversées par votre confiance ! Car il en faut pour leur livrer ainsi une partie si fragile de votre personne.

15. Les Nuls, *Les Nuls, le livre*, Albin Michel, 1995.

Et pour honorer cette confiance, nous nous devons d'accueillir votre pénis dans une bouche soignée et douillette ; si nos lèvres gercées sont seulement désagréables, nous sommes conscientes qu'une dent cassée peut vraiment blesser ! La fellation et le cunnilingus sont de précieux outils de plaisir quand tout va bien, et d'agréables alternatives, en cas d'indisponibilité momentanée, ou permanente, que ce soit de votre pénis ou de notre vagin. La bouche tient aussi un rôle prépondérant.

Le moment où nous pratiquons ce genre d'exercice a aussi son importance : vous mener à l'orgasme grâce à notre dextérité nous conduit souvent à la frustration de ne plus pouvoir profiter, ensuite, d'un membre victorieux. Nous devons patienter, pendant la phase de résolution qui ne vous permet pas de vous occuper de nous avec concentration, désir, et ardeur. Et puis, de grâce, ne nous en demandez pas de pratiquer trop longtemps, car malgré les variantes qui nous permettent de reprendre haleine, l'étouffement et la crampe maxillaire nous guettent.

Tant que nous y sommes, si vous pouviez avoir une hygiène irréprochable, ça nous rendrait l'approche buccale de votre organe nettement plus attractive. En revanche, vous n'êtes pas responsables des poils pubiens qui restent coincés dans notre gorge ; nous parviendrons sans trop de dommages, à les déloger « plus tard » à coups de mie de pain.

Michel

Contrairement à ce que vous pensez, nous sommes parfaitement conscients du risque vital que vous encourez à nous offrir une fellation, alors que vous êtes en pleine crise de rhume des foins, avec le nez bouché ! Nous ne sommes pas rassurés non plus à la perspective d'un éternuement dangereusement doublé d'un spasme des masséters !

La fellation nous est agréable, voire extraordinairement jouissive, tant que vous n'y laissez pas l'empreinte de vos incisives ; là, ce n'est plus jouissif, mais très douloureux…

Quant à l'épanchement sus… cité, bien des femmes disent éprouver du plaisir, à l'instant de l'éjaculation intrabuccale. Pour les néophytes dégoûtées à la perspective de pratiquer une fellation jusqu'à avaler le sperme, et les expérimentées, qui l'avalent pour ne pas vexer, sachez que ce que vous avalez ou recrachez est un cocktail santé/ beauté ! D'après plusieurs études, cet apport en protéines, vitamines C et B12, cholestérol (le bon), fructose, sorbitol, sodium, calcium, magnésium, phosphore, potassium, et autres bonnes choses ont des propriétés anti-âge, amincissantes, et probablement anticancéreuses.

Concernant la proportion d'hormones mâles, comme la testostérone, elle est trop infime pour provoquer le moindre déséquilibre hormonal chez la femme. Et à la question de l'urine : « Comment faites-vous pour ne pas uriner en même temps que vous éjaculez ? » Nous ne faisons rien ; la plupart d'entre nous ignorent même l'existence du veru montanum (ou colliculus séminal), ingénieux petit mécanisme posté dans l'urètre qui bloque l'émission d'urine. Donc, le sperme ne contient pas d'urine, et même s'il en contenait, l'urine fraîche est stérile.

Certaines se sentent ridicules dans cette posture ; or nous adorons vous contempler pendant que vous vous consacrez à notre plus cher membre ! Surtout si vous pensez à retirer vos bagues et vos bracelets qui trinquaillent, et à retenir vos cheveux en arrière… Un seul d'entre eux peut entailler vilainement notre précieux gland !

Enfin, sachez que nous ne sommes pas des bêtes ; nous sentons à coup sûr le plaisir arriver, et nous savons vous l'épargner si vous nous le demandez. Appréciée ou non, la fellation en soi n'est ni sale ni vulgaire ; c'est un acte naturel. Un débutant peut d'abord se sentir choqué qu'une femme pratique la fellation lors d'un premier rapport, et puis, le plaisir aidant : « ça va beaucoup mieux ensuite, Docteur ! »

Grossesse

Aujourd'hui, lorsqu'elles désirent avoir un enfant, les femmes disposent de toute une littérature médicale, sexuelle, et psychologique pour répondre à leurs questions sur la grossesse. Sur les sites dédiés à la gestation, elles suivent en temps réel l'évolution, semaine après semaine, de la taille du bébé. Elles attendent non plus une surprise asexuée, mais un bébé garçon ou fille. Elles valorisent leur silhouette arrondie par des vêtements seyants au lieu des chasubles d'antan ! Désormais libérées des tabous pudibonds, les femmes enceintes se dorent en maillot de bain, et sont les stars des réseaux sociaux.

Elles vivent la grossesse dans une excitation mêlée d'espoirs et de craintes, comme un voyage vers une terre inconnue. Occupées par les préparatifs nécessaires, elles sont aidées par les « nouveaux compagnons », qui s'impliquent jusqu'à demander un congé parental ; ils essayent de compenser le manque d'intimité physiologique avec le bébé, ce qui peut parfois les rendre jaloux. Jaloux aussi du bébé, au point de l'envisager parfois comme un rival, jusqu'à s'en prendre violemment à la mère et à l'enfant qu'elle porte.

C'est dans les premiers mois que les femmes ont le plus besoin de soutien, lorsque la grossesse n'est pas encore visible, et que le futur papa n'a pas encore réalisé qu'une métamorphose s'opère en elle et la perturbe, alors qu'elle est restée apparemment la même. Elles souhaitent être rassurées sur la capacité de l'homme à devenir un bon père, tout en demeurant un bon compagnon. Elles ont besoin de cette bulle de sécurité à deux pour résister aux récits d'expériences et multiples conseils, souvent peu judicieux, que s'empressent de donner les réseaux sociaux et toutes les femmes alentour.

Patricia

« *On ne donne pas la vie, on la transmet.* »
(Françoise Giroud)

Une grossesse est toujours un bouleversement, un changement important. Surtout la première ! Nous avons besoin d'être rassurées sur les nausées, les douleurs, l'accouchement. Besoin aussi de nous confier sur la manière dont nous vivons ces neuf mois, et sur la façon dont nous pouvons mener notre vie de couple en même temps, lorsque nous sommes encore seules à savoir que notre corps est habité. Quand nous ne sommes pas entourées d'égards dans l'autobus, et que nous ne savons pas vraiment si nous avons bien fait de nous lancer dans cette aventure, nous sommes plus fragiles psychologiquement.

Tiraillées entre notre condition de femmes enceintes, de futures mères, d'épouses, ou d'amantes, ajoutons pour beaucoup le rôle de travailleuses, à la maison, au bureau, au magasin ou à l'usine, nous avons alors grand besoin de nous sentir enveloppées, comprises, protégées. Alors, s'il y a un moment dans notre vie de couple où nous avons besoin de votre regard et de votre soutien, c'est bien celui-là. Et nous reconnaissons que vous êtes nombreux à nous prêter une attention nouvelle, à vous préoccuper de notre bien-être, et à vouloir mettre en place une nouvelle interaction à trois en essayant d'entrer en contact avec le bébé.

Les mois durant lesquels notre ventre s'arrondit doucement, c'est avec tendresse et émotion que vous découvrez la transformation de notre corps, et cet éclat tout neuf dans notre regard qui vous émeut parfois jusqu'aux larmes. Puis les choses se compliquent, surtout vers la fin de cette grossesse, lorsque nous avons le sentiment de ressembler à une baleine. Conscientes de l'impact que peuvent avoir nos émotions sur le bébé, nous essayons de nous protéger pour l'épargner.

Alors que nous rêvons de porte-jarretelles et de bas à résille, nous détestons l'image que le miroir nous renvoie, et n'avons plus envie de batifoler. D'ailleurs, certains d'entre vous sont tentés de regarder ailleurs avec délectation et soulagement. Et nous vivons votre désaffection comme le comble de la trahison, car la grossesse est un test majeur de la solidité de notre couple. Comme nous ne sommes plus vraiment « sexy », le peu de désir qu'il vous reste est souvent altéré par votre peur de « faire mal au bébé », et plus souvent encore, douché par notre manque d'entrain quand nous ne supportons plus que vous nous approchiez. Tant que nous sommes la première couche de protection pour l'enfant, essayez d'être son second rempart ; notre fragilité (compréhensible) est passagère, alors que votre tendresse et votre élégance, en assurant la survie de notre couple, resteront en notre mémoire les piliers de notre cellule familiale, et de notre amour pour vous ! Surtout si, lors de l'accouchement, vous vous montrez à la hauteur de l'événement, et que votre désir pour nous renaît quelques semaines plus tard…

Michel

D'abord les nausées, puis les troubles du transit, les problèmes de peau, les vergetures. Puis on ne peut plus vous toucher sous peine de contractions. Bien sûr, je caricature un peu le processus ; d'ailleurs, il y a des hommes qui sont très excités par cette période. Mais franchement, en dehors du bonheur que nous avons à l'idée d'être papa, cette période n'est pas celle que l'on préfère. Et que les psys nous lâchent avec ces histoires de jalousie parce qu'il y a « quelqu'un » d'autres que nous dans votre ventre… De quoi aurions-nous peur ? D'être reconnu par le petit ? Mais il dort à cette heure-là !

Non, franchement, quand votre ventre change, la plupart du temps, le reste de votre corps aussi, et pas toujours dans le bon sens. Alors, on reste cool. Heureusement, il y a un truc qu'on adore, c'est vos seins. Quel pied, cette poitrine que le petit nous prête quelques mois ! Rien que pour ça, il nous est déjà sympathique ! Pourtant, quand ils sont beaux, denses, appétissants, on sent bien qu'ils ne sont pas pour nous ; tant que vous êtes focalisées sur l'enfant à venir, votre libido est faible. Alors on attend la naissance, en espérant qu'on pourra enfin profiter de cette aubaine. Mais non, l'augmentation de la prolactine, en déclenchant l'allaitement, inhibe votre désir sexuel. En plus, ce lait n'est que pour le bébé ! Pas d'espoir, non plus, si vous optez pour le biberon, car en bloquant les montées de lait, votre poitrine redevient jolie comme avant, mais notre fantasme est brimé ! Enfin, votre hypersensibilité physique consécutive à l'accouchement vous rend douloureuse et irritable. Et puis, si vous voulez qu'on participe un peu plus à cette grossesse, cela dépend aussi de votre capacité à nous expliquer ce que vous ressentez. Nous, on aimerait bien savoir, être au courant des dernières nouvelles… Mais pourquoi préférez-vous donc vous confier en priorité à votre mère et à vos copines ? Cela s'explique sans doute : le jour de l'accouchement, c'est vous qui ferez tout le travail, alors, vous vous y préparez entre femmes… N'empêche, on sera là, à vos côtés, au jour dit !

Habitude

Il y a les petites habitudes, la routine, les manies ; et puis il y a l'Habitude avec un grand H, aussi solide qu'un câble ! Elle s'installe à travers les rituels instaurés, qui balisent, et rassurent, puis elle s'insinue sournoisement, chacun attaché d'abord à l'autre, puis par cet autre. Lorsqu'on vit à deux, il faut composer avec le quotidien qui se répète, à défaut de l'approuver. Chaque couple constitué ayant désiré, décidé de partager le quotidien, il ne devrait pas peser. En théorie.

En pratique, les gestes personnels et le sans-gêne reprennent le dessus, et obligent à réglementer les usages dans le territoire commun. Ce n'est plus affaire de séduction, mais de respect pour éviter que la routine tourne au vinaigre, que l'habitude soit le confort de l'un au détriment de l'autre. Si certains couples s'en accommodent, d'autres en souffrent jusqu'à la considérer comme un mal étouffant, une puissance tyrannique qu'il faut combattre. Ne plus dialoguer au quotidien, seulement parce que l'on croit savoir tout l'un de l'autre ; avoir l'impression qu'on a besoin de changer ses habitudes pour retrouver le désir.

Rares sont les couples qui, meurtris par l'habitude, savent se priver de cette fausse harmonie. Mais quand ils parviennent à s'en passer, et qu'ils ouvrent leur histoire à l'aléatoire, à la fantaisie, à l'incongruité, alors, ils deviennent les inventeurs d'une belle aventure. Dont acte : des habitudes tant qu'il nous plaira… mais pas une habitude !

Patricia

Avoir l'habitude de l'autre, de la proximité de son corps, et ne plus en avoir peur. Avoir l'habitude de son sourire en coin, de la douceur de sa main, de nos rendez-vous dans des lieux qui sont devenus nôtres, toutes ces habitudes qui rendent notre vie plus sereine sont des rituels essentiels pour nous.

Bien sûr, il y a les mauvaises habitudes, celles qui nous viennent avec le temps : vous oubliez de regarder notre corps avec admiration ; peut-être est-ce parce que vous en avez trop l'habitude ? parce que nous avons pris celle de moins prendre soin de nous ? À force d'entendre dire partout que ça nous horripile d'utiliser les toilettes après votre passage, certains d'entre vous finiront bien par faire pipi assis. Et puis, toutes ces choses que vous preniez soin d'éviter au début de notre histoire sont redevenues des habitudes quotidiennes ! Pour certains, manger la bouche ouverte et éructer bruyamment sont des performances réjouissantes ; sans oublier les autres bruits, odorants ceux-là, qui vous semblent si naturels !

Les cheveux dans la baignoire, la tasse du petit-déjeuner abandonnée, les chaussettes et le caleçon jetés à terre, le cendrier plein, la mauvaise haleine du matin… Mais peut-être en avez-vous autant à nous reprocher ? Est-ce que l'habitude conduit inexorablement au « vieux couple » ? Il arrive que cette perspective fasse si peur que la fugue apparaît comme la seule solution. Pourtant, quand l'autre nous manque, nous réalisons que c'étaient les petites habitudes, justement, qui faisaient nos plus grands bonheurs, et qu'elles nous manqueront à jamais si la fugue dure trop longtemps, ou que l'absence est définitive.

D'ailleurs, est-ce par habitude ou par désir que nous mettons notre tête sur votre épaule ? Car, passé ce mouvement d'humeur, nous reconnaissons volontiers que vous êtes là aussi quotidiennement pour nous prendre dans vos bras, quand le monde nous paraît trop dur à affronter. Pour cela vous serez beaucoup pardonnés !

Pour changer les habitudes, surprenez-nous autant que vous avez besoin d'être surpris. Emmenez-nous au bout du monde, et nous vous emmènerons au septième ciel !

Michel

Cette saleté d'habitude : l'ennemie numéro un qui pourrit notre vie de couple !

Mais comment ne pas préférer faire l'amour le week-end plutôt qu'en semaine, quand nous accusons plus la fatigue ? Comment ne pas enfiler des fringues confortables après une journée en costard-cravate ? Et le resto du coin Chez Marcel, où on mange si bien… et si souvent ? On s'était juré : « Attention aux habitudes, sinon on finira comme nos parents. » On y est déjà !

Et si on s'étonnait l'un l'autre ? Ce n'est pas difficile de changer de resto, de look, de lieu de vacances. Si on se faisait un petit hôtel à 17 heures, avant de ne plus en avoir envie ? Les psys nous font bien rire quand ils disent qu'après dix ans de mariage, pour réveiller la sexualité, il faut changer les jours, les lieux… Si on n'a plus envie de vous à la maison, vous pensez que ce sera différent à l'hôtel de la gare ?

De la prévention, voilà la solution. L'habitude, c'est comme le chiendent : essayez de vous en débarrasser quand il s'est installé ! Quel jeune couple ne s'est-il pas juré d'être attentif à ne pas tomber dans les habitudes ? « Promis, il faudra se parler, ne pas dîner devant la télé – laquelle ne sera pas placée dans la chambre –, se réserver quelques week-ends en amoureux, sans les enfants, décrocher le téléphone,… » Combien y parviennent après dix ans de vie commune ?

Le quotidien, par définition, nous enrobe : vouloir s'en débarrasser équivaudrait à renoncer à vivre ensemble. Nous avons beaucoup à faire, c'est entendu, mais dites-nous ce que vous aimeriez que nous corrigions, et vous aussi, faites un effort. Des exemples ? Ne répétez pas, chaque fois que nous voulons partir à la campagne, que « les enfants vont se coucher trop tard dimanche soir », et qu'« il y a école le lendemain ». Annoncez-nous plutôt que vous avez réservé une chambre dans le petit hôtel où nous avions fait l'amour la première fois. Bref, étonnez-nous ! Pas tous les jours, pas à chaque heure, mais de temps en temps, pour casser le quotidien !

Haine

« *Tantôt l'amour réunit tout en un ; et tantôt la haine divise tout en deux.* » (Empédocle)

La haine est un état psychologique, qui par sa violence déstructure, déshumanise et consume la personne qui en est imprégnée, dans tous les aspects de son existence. Elle peut être passagère, en réponse à une situation de crise, et provoquer des sentiments d'injustice, de manque, ou d'abandon ; elle peut aussi avoir des origines pathologiques : traumatisme psychologique, trouble de la personnalité, psychose, érotomanie, paranoïa, ou toute autre pathologie nécessitant une prise en charge professionnelle. La haine profonde, non maîtrisable, entraîne à plus ou moins long terme des comportements possiblement dangereux : impulsivité, agressivité, violence sur d'autres personnes ou sur soi, mélancolie, repli, isolement.

L'entourage d'une personne haineuse va d'abord essayer de comprendre les raisons de cette volonté de destruction, ce besoin d'entrer en conflit. Parmi la famille, les amis, les collègues, certains tentent d'instaurer un dialogue bienveillant, jusqu'à ce que, d'incompréhensions en fautes d'interprétation, ils renoncent, deviennent méfiants et, finalement terrorisés, s'éloignent.

Dans le couple, les ferments de la haine sont contenus dans la somme de toutes les colères ravalées au cours d'une vie commune : envie, jalousie, rancœur, ressentiment, rivalité, colère… On surestime toujours sa capacité à ne pas se laisser empoisonner par les petites doses de venin inoculées, de manière répétée ; on s'imagine vacciné, comme Mithridate VI, jusqu'au jour où l'on chute très gravement. Pourtant, s'il arrive qu'on bascule dans la haine, qu'on la laisse éclater au grand jour, c'est bien la preuve qu'on a atteint l'overdose, qu'il est grand temps d'« exorciser » cette haine qui s'est installée en soi sourdement, de manière subversive. Il est parfois indispensable de se faire aider par un spécialiste.

La haine de l'autre cache souvent la haine de soi ; elle perturbe émotionnellement, et dissimule souvent une grande peur : c'est un sentiment toxique qui encombre et devient une obsession, souvent accompagnée d'un désir de vengeance, pour se réjouir de la douleur de l'autre. Pour certains, sortir de la haine prendra le temps nécessaire à retrouver la confiance en soi, et pouvoir se tourner à nouveau vers l'avenir. Pour d'autres, la haine va devenir une fidèle compagne de vie… ou de mort.

Patricia

Nous sommes, tout comme vous, capables du pire après vous avoir offert et souhaité le meilleur. Notre amour passionné peut se transformer en haine féroce ; nous n'en sommes pas fières, mais convenez que si nous cédons parfois à la fureur, peu d'entre vous courent le risque d'y laisser leur vie. En revanche, que devient une femme de cinquante kilos, terrorisée sous une masse furieuse de quatre-vingt-dix ? Votre souffrance ne justifie pas tout, et c'est avec horreur que nous voyons l'homme que nous avons aimé devenir un animal mesquin, méprisable, parfois violent. Le nombre de femmes qui succombent sous vos coups est dorénavant comptabilisé. Elles sont les tristes victimes de ce que l'on nomme à juste titre, depuis peu « féminicide » (définition du dictionnaire « Robert » depuis 2015 : « le meurtre d'une femme, d'une fille, en raison de son sexe »), simplement parce qu'un jour, elles ont voulu changer de vie, et que leur compagnon n'en a pas supporté l'idée !

Physiquement plus fragiles que vous, nous n'avons souvent que le « coup bas », et la violence psychologique pour exprimer notre douleur et une haine à la hauteur de notre amour blessé… Et nous avons malheureusement beaucoup de talent en la matière.

Michel

« *Rien n'unit aussi fort que la haine, ni l'amour, ni l'amitié, ni l'admiration.* » (Anton Tchekhov)

La haine passagère, c'est regrettable, mais c'est fréquent après quelques années de vie commune. Par exemple, ce jour où vous nous avez humiliés devant nos amis. Nous n'avons rien dit parce que nous ne voulions pas gâcher le dîner, mais là, on a eu envie de vous mettre plus bas que terre. Peut-être étions-nous coupables, ce soir-là, d'avoir oublié d'admirer votre coiffure, ou d'avoir trop félicité notre hôtesse pour son tagine ? Alors que oui, vous le faites mieux qu'elle ! Haine passagère aussi quand vous décidez de laver vos cheveux dix minutes avant le départ en week-end…

L'autre, la haine chronique, est plus terrible. C'est le point de non-retour, déclenché par le sentiment que décidément, « on est allé trop loin ». Il aurait fallu… Il aurait fallu partir avant, se séparer avant d'en arriver à se détester, avant que ne s'installe cette haine qui ne dit pas toujours son nom, et qui se révèle souvent devant le juge qui prononce le divorce. Nous nous sommes aimés, nous ne devrions jamais nous haïr. Imaginer qu'après notre rupture, vous puissiez vous laisser embobiner par un autre que nous, lui ouvrir vos lèvres, vous donner à lui, et lui faire ce que nous adorions nous est insupportable. Souvent, nous retardons une rupture, une séparation, simplement pour cette raison.

Humour

« *Instinctivement, sans influence littéraire apparente, je découvris l'humour, cette façon habile et entièrement satisfaisante de désamorcer le réel, au moment même où il va vous tomber dessus.* » (Romain Gary)

En provoquant le rire, l'humour augmente la plasticité cérébrale, favorise la création de nouvelles connexions, diminue le stress, et allonge la durée de vie ! Connaissant tous ces bénéfices, il n'est pas trop tard pour apprendre à l'utiliser à bon escient. Quand l'autre présente tous les symptômes annonciateurs d'une crise pénible, le recours à l'humour : en répondant « moi aussi, je t'aime » à celui ou celle qui vient de déverser une bordée de jurons, s'avère souvent très efficace ! L'humour est aussi culturel. Les Anglais n'ont pas le même que les Chinois, et il est parfois difficile à cultiver au sein de nouveaux couples mixtes, qui ne connaissent pas encore les ressorts humoristiques de chacun. Il se pratique aussi bien en langage qu'en mimiques, mais gare au contresens : un geste peut être drôle dans une culture, et insultant dans une autre… L'humour interroge également notre propre humanité, et notre possible résilience face à des situations difficiles ou critiques comme la misère et la mort. L'humour devrait toujours être évalué d'abord par la capacité d'une personne de rire à ses dépens ; celles et ceux qui parviennent à ce haut niveau d'autodérision ont en commun la bonne humeur, la joie de vivre, et une grande confiance en soi. En revanche, les personnes privées d'estime de soi pratiquent une forme d'humour sarcastique dévalorisante pour les autres.

Il arrive que la plaisanterie dépasse le « rentre-dedans » affectueux, la réflexion décalée qui fait sourire gentiment. Quand elle tourne à la vanne provocante ou blessante, s'affirme par des piques, des reparties ironiques, des joutes oratoires, que sous couvert de blague, elle libère des messages empoisonnés ou des pulsions inavouables, les tensions à l'intérieur du couple risquent fort de se transformer en affrontements sanglants. Pourtant, l'humour, c'est avant tout ce qui désarme, donc la meilleure façon de dédramatiser les aléas infligés par le quotidien. Ne pas avoir ri ensemble depuis longtemps est un signe que le couple va mal.

Patricia

L'humour peut écarter un importun sans lui faire perdre la face, rendre inoffensif un méchant sans qu'il s'en doute, réhabiliter la victime d'un comique rageur, et surtout, renforcer la complicité entre vous et nous. Parfois, ce que vous prenez pour de l'humour n'est rien d'autre qu'une blague lourde et grossière ; c'est vrai que vos vannes usées et abusées sur les blondes, les grosses, les maigres, celles qui ont de la moustache, et celles qui n'ont pas de poitrine nous font moyennement rire. Cela vous donne-t-il le droit de clamer que nous n'avons pas d'humour ?

Le nôtre est différent, moins répétitif. Même si le comique de répétition est irrésistible au cinéma, cela reste du comique, pas de l'humour. Ce qui nous faisait mourir de rire au début de notre relation a perdu l'attrait de la nouveauté, et provoque au mieux un sourire indulgent. C'est pénible à supporter lorsque, devant nos ami.e.s, l'humour se pratique à nos dépens, dans l'intention de nous blesser, en les prenant à témoin de votre supériorité. Vous ne vous montrez pas toujours à la hauteur du grand humoriste que vous croyez être. Par exemple, lors du tout récent dîner chez nos vieux copains, lorsque Paul a suggéré que nous puissions avoir une liaison sulfureuse, cela ne vous a pas fait beaucoup rire non plus. Cependant, nous savons bien, au fond, que lorsque nous sommes seuls, il arrive que notre humour vous régale…

Par bonheur, les quelques fois où vous désamorcez une situation complexe grâce à un trait d'humour, nous sommes toutes prêtes à en rire avec vous, car vous faites preuve, alors, d'un vrai talent de mise en perspective !

Michel

« *La seule chose absolue dans un monde comme le nôtre, c'est l'humour.* » (Albert Einstein)

L'arme absolue ! Femme qui rit, est à moitié au lit… n'est-il pas ?

Dommage qu'on ne sache pas s'arrêter à temps. Ce qui vous a tant séduite lors de notre rencontre vous pèse aujourd'hui. Vous connaissez sur le bout de la mémoire conjugale nos vannes, nos jeux de mots, nos contrepèteries, et vous êtes lasses d'entendre vos amies répéter : « Quelle chance tu as, de vivre avec un homme si drôle, ma chérie ! » « Drôle, lui ? Oui, quand il est en société, qu'il tient son public. À la maison, c'est une autre affaire. » Alors, sachant qu'on vous irrite, on n'a même plus envie de vous raconter la toute dernière. Mais il faut avouer qu'on est parfois un peu lourds, notamment quand on se sert de vous pour faire rire les autres, qu'on est un peu « charrieurs » ! Allez, dites-nous gentiment qu'on n'aura aucun mal à inventer un jeu de mots encore plus drôle que celui dont on abuse depuis quinze ans et… en vous embrassant, on vous dira : « Chérie, j'ai bien envie de te faire… l'humour. »

Hilarant, non ?

Infidélité

« *L'adultère demande une telle liberté d'esprit, un égoïsme si candide et un manque de scrupules si total qu'il ne peut raisonnablement être conseillé qu'aux célibataires.* » (Jacques Faizant)

Le concept n'est pas nouveau : les épopées que sont l'Iliade et l'Odyssée regorgent de récits d'infidélités auxquelles même les dieux et déesses n'échappaient pas.

Aujourd'hui, presque la moitié des femmes reconnaissent avoir trompé leur partenaire au moins une fois. En revanche, leurs motivations semblent différentes. Privées trop longtemps de l'attention de leur compagnon, animées par le besoin vital de romantisme, ou frustrées qu'il ait délaissé leur corps depuis trop longtemps, brûlantes de désirs inassouvis, les femmes se lancent, elles aussi, dans l'aventure de ce qui fut longtemps l'apanage des hommes. Les jeunes, hommes et femmes, ont le sentiment d'appartenir à une « culture du jetable » qui les pousse à la consommation. Ils y sont bien aidés par les opportunités qu'offrent les réseaux sociaux. Pourtant, s'ils ont remplacé les histoires de cœur par des *sex friends* ou des plans cul, ils ont le romantisme chevillé au corps.

Nombre d'infidèles préfèrent rester discrets ; ils rechignent à la transparence, surtout lorsqu'il s'agit d'incartades sans lendemain. « N'avoue jamais ! » semble être la règle instaurée par celles et ceux qui souhaitent préserver à la fois le ou la partenaire et la pérennité de leur couple légitime. Tout aveu ou découverte de l'infidélité est vécu par l'autre comme un abandon, une trahison, un grave irrespect des engagements pris au début, lorsqu'on croyait l'amour inoxydable. L'aveu n'a de sens qu'en préambule à la séparation ; sinon, il génère une jalousie chronique, et une attitude soupçonneuse qui rendent la vie de couple infernale.

Infernale et supportée par de nombreux couples où ni l'infidèle ni l'autre ne savent justifier leur choix d'être le salaud (la salope) qui aime ailleurs, ou la victime qui s'y résigne. Habitués à s'aimer mal, les deux veulent croire à un simple incident. L'évocation de la séparation révèle leurs peurs respectives d'être seul.e, de blesser, de faire éclater la cellule familiale et le patrimoine.

Certains aventuriers et aventurières vivent au grand jour avec plusieurs compagnes ou compagnons ; ils et elles sont très minoritaires, mais ils existent, et assument avec bonheur une vie qu'ils savent rendre harmonieuse aussi pour leurs partenaires.

Patricia

« *Dans un couple, l'un au moins doit être fidèle, de préférence l'autre.* » (Marcel Achard)

Bien que l'adultère ne soit plus une faute pénale en France, ce mot a une petite connotation extrémiste incluant, par exemple : punition, répudiation, lapidation, etc. Cette femme que l'on traînait devant les tribunaux après un constat d'huissier n'a rien à voir avec nous. Et puis, le mot adultère contient le mot adulte ; or tout cela nous paraît tellement enfantin !

Vos actes manqués sont nombreux lorsque, par désir inavoué de vous faire prendre, ou par culpabilité, vous laissez votre smartphone ou votre ordinateur ouvert à la mauvaise page. Certains esprits malveillants sous-entendent que l'on ne trouve que ce que l'on cherche… mais ce sont des esprits malveillants. La douleur prend alors possession de nous, et devient une obsession. Les « qui ? », les « quoi ? », les « comment ? » et les « pourquoi ? » n'en finissent plus d'encombrer nos nuits… et les vôtres !

En ce qui nous concerne, l'infidélité n'est pas, a priori, « notre truc ». Pour nous, qui croyons simplement au grand amour, cette double vie ne nous convient que très rarement, et de façon momentanée. D'abord, c'est fatigant et compliqué, car lorsque nous avons accompli toutes les tâches qui nous incombent dans une journée, il nous reste fort peu de temps pour nous consacrer à un amant. Et puis, nous sommes tout à nos choix : en vous élisant comme prince charmant, nous sommes vôtres, entièrement. À moins que vous ne soyez plus à la hauteur de nos attentes…

Ce n'est pas sans culpabilité que nous glissons dans l'infidélité, et dans les bras d'un autre. C'est plutôt de guerre lasse, par ennui, parce que nous ne pouvons pas nous résoudre à l'idée que jamais plus la passion ne traversera notre vie. Et c'est ce moment-là qu'un autre choisit pour nous regarder vraiment, et faire à nouveau de nous une femme désirable. Croyez bien que nous aurions pu tout autant chavirer dans vos bras, si seulement vous aviez tourné les yeux dans notre direction.

« *On peut tout fuir, sauf sa conscience.*[16] »
(Stefan Zweig)

Michel

« *Le Christ a pardonné à la femme adultère. Parbleu ! Ce n'était pas la sienne.* » (Georges Courteline)

La différence entre l'adultère et l'infidélité ? L'adultère est un acte, l'infidélité une philosophie. On peut se croire fidèle tout en s'autorisant un petit extra, s'il reste exceptionnel (un philosophe peut lire un ouvrage de Kant toute la journée, puis s'éclater devant La Vérité si je mens, n'est-ce pas ?). Vous vous demandez pourquoi

16. Stefan Zweig, *La Pitié dangereuse*, Grasset, 1939.

vous n'auriez pas le droit d'en faire autant… Parce que vous vous gênez, peut-être ? Avec qui avons-nous partagé ce « cinq à sept » d'il y a trois ans ? Avec une femme mariée, comme vous, qui goûte aux joies de l'adultère !

Sur la question de l'infidélité, là, plus personne ne se prononce ! Elle sous-entend que ça dure (un peu) plus, que c'est plus grave, et que nous ne méritons – peut-être – pas votre confiance. Il est grand temps que nous établissions ce que le mot « confiance » signifie pour vous, et pour nous. En amont, ce mot sous-entend que, mariés ou pas, si nous nous jurons mutuellement la fidélité, nous devons nous y tenir. D'accord, mais la fidélité à quoi ? Quand nous passons un petit moment avec une amante, nous ne nous sentons pas infidèles puisque nous n'en attendons qu'un plaisir physique, et une confirmation de notre virilité. Comme il n'est pas question d'attachement, d'amour ni de tendresse, qu'il s'agit surtout d'une satisfaction égoïste, même un peu narcissique, donc étrangère à vous, nous nous croyons innocents en toute bonne foi.

En revanche, que ce soit avec votre conjoint ou votre amant, vous êtes majoritairement en quête d'affection, de tendresse, de compréhension, et parfois une petite revanche sur nos infidélités. Parce que nous sommes incapables de vous imaginer contre un autre homme pour « un petit tour de quick coït et puis s'en va », nous nous persuadons de bien vous connaître : vous cédez d'abord à un coup de cœur, et que c'est déjà en amoureuse que vous vous livrez à l'amant, comme à nous, au temps de la passion. Comme votre propre plaisir semble être secondaire, vous vous croyez innocentes, en toute bonne foi aussi. Pire, quand votre amant est marié de son côté, non seulement vous ne lui reprochez pas de tromper sa femme, mais votre ingénuité le légitime, en tant que victime d'un mariage toxique, jusqu'à vous convaincre qu'il ne s'agit pas d'un amant, mais d'un être en perdition à sauver !

« *Un amant exceptionnel ne peut faire qu'un mauvais mari.*[17] » (Michel Audiard)

17. Édouard Molinaro, *La Chasse à l'homme*, dialogues Michel Audiard, 1964.

Jalousie

« *La plus vaine et tempétueuse maladie qui afflige les âmes humaines est la jalousie.* » (Montaigne)

« La jalousie relève d'une forme de paranoïa[18] », affirme le psychiatre Alain Krotenberg. Or, par définition, une personne paranoïaque n'a jamais tort ; rien ne peut la convaincre qu'elle se trompe, sauf quand sa souffrance l'oblige à implorer l'aide d'un thérapeute. Chaque personne est entourée de tentations, et les réseaux sociaux mettent à portée de smartphone le moyen de vivre des expériences, avec ou sans lendemain. Mais que l'on découvre un message ambigu dont la complicité et la séduction font paraître bien pâles les échanges indigents du couple, alors, en imaginant la double vie et la duplicité de l'autre, la jalousie et la souffrance s'installent.

Lorsqu'on aime, on souhaite être aimé en retour. Au début d'une relation nouvelle, le sentiment d'exclusivité passe pour une preuve de l'amour de l'autre. On en est flatté et rassuré, car cela semble prouver un engagement réciproque. La jalousie naît des incertitudes et des doutes ; elle grandit dans la peur de perdre l'autre, ou

18. Alain Krotenberg et Luc Patry, *L'Envie d'aller mieux*, Payot, 2001.

de se perdre soi-même. Elle déstabilise, et fait perdre la belle assurance, et la confiance que l'autre, justement, nous garantissait. Elle tourne parfois à l'obsession, alors la torture commence pour les deux ! La jalousie pathologique pointe son vilain nez, le harcèlement n'est pas loin ; la souffrance empoisonne la vie du couple, et si l'on n'y prend garde, le piège diabolique se referme. Ce que l'on craint le plus survient : la rupture ; l'a-t-on prévue, ou provoquée ?

Patricia

« *Il n'y a pas d'amour sans jalousie.*[19] » (George Sand)

« Je ne veux plus jouer avec ma poupée, mais je refuse que quelqu'un d'autre joue avec ! » C'est ce que nous ressentions lorsque nous étions enfants (sauf pour les plus partageuses…), et ce même sentiment nous anime dès que vos yeux lâchent un peu trop longtemps les nôtres. C'est vrai, c'est un peu enfantin, mais cette poupée, nous y tenions, même si elle était abandonnée au fond du garage. C'était notre « doudou » ; il n'était pas question qu'une postulante s'en approche d'un peu trop près… Quarante ans plus tard, si la postulante vous regarde avec des yeux enamourés, la peur de vous perdre nous assaille, et nous sortons nos griffes. Cette peur semble naturelle dans une histoire amoureuse, mais le

19. George Sand, *L'Histoire de ma vie*, Gerhard, 1855.

désir de posséder l'autre trahit une dépendance affective toxique, autant pour le prisonnier que pour le geôlier.

Nous sommes certes jalouses autant que vous. D'ailleurs, quand vous faites le jaloux au début, nous nous en amusons en savourant cette apparente preuve de votre attachement. En revanche, les scènes que vous ne manquez pas de nous infliger, vos demandes permanentes de justification, bref, votre jalousie maladive provoque en nous l'envie de fuir.

Alors que nous traduisons plutôt notre désarroi par un comportement dépressif, parfois un peu hystérique, vous manifestez votre souffrance de façon obsessionnelle, voire paranoïaque. Quand votre jalousie devient chronophage, qu'elle vous obsède de manière pathologique, elle vous pousse à mettre en place une stratégie de manipulation et de harcèlement, qui sont plus souvent vos instruments de torture que les nôtres. Les femmes soumises à ces maltraitances ne sont pas plus faibles que d'autres, elles sont seulement prisonnières de pervers narcissiques, et manipulateurs qui les ont convaincues que seul leur comportement irresponsable était la cause de leur jalousie. L'emprise malsaine a fait son œuvre.

Faisons un pacte : vous nous laissez de l'air, et nous vous rendons votre oxygène. D'accord ?

Michel

« *La jalousie est une preuve de cœur, comme la goutte de jambes*[20]. » (Paul-Jean Toulet)

Jaloux, nous ? C'est plus compliqué. Nous sommes fiers quand vous dégagez ce « je-ne-sais-quoi » qui énerve les autres femmes, et attise les regards dans une soirée. Mais qu'un homme plonge ses yeux dans votre décolleté nous rend d'autant plus fous que, louchant de même sur sa femme, nous savons exactement ce qu'il pense !

Du malade qui ne vous laisse pas sortir seule à la boulangerie, au « j'm'en foutiste » faussement débonnaire, tous les amoureux sont jaloux et s'interrogent : c'est quoi, ce collègue qui déjeune avec vous chaque jour ? Cet ex qui geint au téléphone en disant : « Y'a que toi qui me comprennes ! » Il ne voudrait pas, en plus, passer la nuit avec vous, histoire de se réchauffer ? Ça ne dérange pas si je suis là aussi ? On se serrera !

Notre jalousie n'a pas que des défauts ; entre autres bienfaits, elle nous permet d'entretenir la flamme de notre couple, en affûtant notre vigilance et notre crainte de vous perdre ! Mais si vous-mêmes êtes jalouses, et manquez d'estime de vous au point de vous persuader que nous allons vous quitter de toute façon, mieux vaudrait nous séparer.

Jaloux, nous ? Avant tout possessifs. Très possessifs.

---

20. Paul-Jean Toulet, *Monsieur du Paur, homme public*, H. Simonis Empis, 1898.

Larmes

« *Une larme est la goutte d'eau qui fait déborder l'âme.* » (Frédéric Dard)

Depuis sa naissance, les pleurs ont été le seul moyen, pour le bébé, de faire connaître son malaise et de se faire consoler. « Je pleure, et quelqu'un s'empresse auprès de moi pour soulager ma détresse. » L'expression de ses émotions ne peut se faire autrement, et les neurosciences démontrent à quel point il est important de répondre rapidement à cette demande pour le bon développement du cerveau. Les pédiatres ont enfin renoncé au célèbre et cruel : « Laissez-le pleurer, crier, verser toutes les larmes de son corps… C'est bon pour son développement ! » Et les médecins, dans leur ensemble, ont enfin renoncé à prétendre que les bébés ne souffrent pas quand on les opère, sous prétexte qu'ils ne pleurent ni ne bougent ! Ils savent maintenant que lesdits bébés se tétanisent, et deviennent mutiques quand la douleur les submerge.

On savait intuitivement que pleurer apaise les douleurs physiques et psychologiques, et abaisse la tension émotionnelle. Cela a été confirmé par des chercheurs de l'Institut Pasteur (notamment Catherine Rougeot, chef du laboratoire de pharmacologie des régulations neuroendocrines), ayant découvert que les larmes, comme la salive, contiennent de l'opiophine, protéine antidouleur et antidépresseur aussi efficace que la morphine.

Quand une douleur physique est lancinante ou trop aiguë, mais aussi quand les émotions débordent, toute personne a recours à cette vieille technique, inscrite dans sa mémoire.

Elle attend qu'un être aimant vienne avec empathie accompagner sa douleur, son chagrin, sa joie, son énervement, son désespoir. Que la sensibilité soit à fleur de peau ou maîtrisée, tout le monde apprécie d'être consolé. Certaines personnes beaucoup plus que d'autres : les dépendantes affectives, qui ont manqué d'attentions au moment de leur construction, se placent souvent en victimes.

Alors que les pleurs ont été réprimés chez les garçons pour préserver leur virilité, ils ont été tolérés, voire encouragés chez les filles, qui, une fois n'est pas coutume, ont pu profiter des bénéfices secondaires de leur statut d'êtres « délicats et fragiles ».

Patricia

Est-ce biologique ? hormonal ? culturel ? Ce qui est sûr, c'est que nous avons plus facilement la larme à l'œil que vous : larmes basales (lubrification, nutrition), larmes réflexes (protection), et bien sûr larmes émotionnelles. Vous, les hommes, vous pleurez quand vous pouvez vous dérober à tout regard. D'ailleurs, essayez de vous souvenir de la dernière fois où vous avez pleuré ? Peut-être à l'enterrement d'un ami, car c'est un des rares lieux où vous ne risquiez pas de jugement dédaigneux envers votre émotion. Cependant, nous vous avons parfois surpris avec les yeux mouillés, face à la détresse, ou à la beauté, mais l'habitude aidant, la plupart du temps, vous parvenez à contrôler vos émotions, comme vous avez appris à le faire durant votre enfance. Vos larmes nous bouleversent, car elles entrouvrent la porte d'accès à votre féminité, et nous avons pour vos chagrins des élans de compréhension maternels.

Nous, c'était… pas plus tard qu'hier, en regardant le film Autant en emporte le vent pour la sixième fois, ou quand nous avons essayé d'attendrir l'agent de police, après avoir grillé un feu rouge, ou encore au mariage de la fille de notre meilleure amie, ou après notre dernière dispute à propos des enfants. Ce qu'on souhaite, dans ces moments-là, c'est vous émouvoir pour que vous nous preniez dans vos bras, en nous berçant comme dans les films.

Surtout, ne nous dites pas : « Tu es grotesque de te mettre dans un état pareil. », ou « Ton nez a doublé de volume, ma pauvre fille ! », car alors, en ressentant votre hostilité, notre chagrin peut se transformer en colère à la vitesse d'un éclair !

Michel

On est tellement c… d'avoir honte de nos yeux embués à cause de ce film à l'eau de rose, qui pourtant ne vous a pas empêchée de vider la boîte de mouchoirs en papier ! Même réaction en entendant le stade de France chanter la Marseillaise, en ce beau mois de juillet 1998 où nous devenions champions du monde. Là aussi, on a tourné la tête pour que vous ne voyiez pas nos larmes couler sur nos joues. La seule fois où l'on ne s'est pas caché pour pleurer, c'est quand le petit est sorti de votre ventre !

Pourquoi sommes-nous tellement verrouillés dans nos pudeurs ? On nous a tellement dit que nous n'avions pas le droit de pleurer ! Nos parents et nos instituteurs nous faisaient ravaler nos larmes d'enfant : « Arrête, on dirait une fille ! ». Eh bien ! N'en déplaise à tous les parents machistes, les hommes sont pourvus, eux aussi, de glandes lacrymales.

Autant s'en servir ! D'autant que cette saine vidange émotionnelle nous protégerait, paraît-il, de possibles accidents vasculaires… Cela dit, chez certains d'entre nous, enclins à pleurer au moindre compliment, l'émotivité est parfois handicapante.

Lumière

« *La lumière ne brille qu'en présence d'obscurité.* »
(Francis Bacon)

Éteindre ou ne pas éteindre durant l'étreinte ? La volupté qui s'empare des amants exige une obscurité en soi, infinie… ce qui n'est pas incompatible avec la petite veilleuse qui offre à chacun le visage de l'autre, lumineux, rayonnant. Si un corps un peu vêtu suscite plus de désir qu'un autre déjà nu, c'est que la vérité aveugle autant que la pleine lumière, et que ce qui aveugle ferme les chemins de l'imaginaire, donc du désir. L'habitude aidant, chacun considère le corps de l'autre comme un terrain connu et conquis d'avance. Pourtant, un éclairage particulier (bougie, ou lumière tamisée), qui s'insinue différemment sur le corps appris par cœur, nous en révèle d'autres beautés, d'autres mystères. L'œil a besoin de ne voir que des reflets à peine éclairés pour que l'imaginaire réinvente le reste, et fasse de l'autre, chaque fois, quelqu'un de différent que l'on ne connaissait pas et que l'on devra séduire…

Patricia

L'hiver, le froid et le manque de lumière donnent envie de nous replier sur nous-mêmes, parfois jusqu'à la fameuse dépression hivernale. Nous avons besoin de chaleur, en degrés Celsius et en tendresse, pour nous ouvrir à vous. Nous aimons les sensations corporelles données par le soleil, l'eau et le vent sur notre peau dénudée… Et qui dit « soleil » dit « lumière ». Que ce soit au grand jour ou à la bougie, voir vos yeux s'allumer de désir est pour nous le summum du bonheur. Nous avons besoin aussi de concentration, et d'imagination pour que notre corps réagisse au mieux de ses possibilités. Concernant l'ambiance, nous oscillons entre plusieurs souhaits contradictoires : éclairage halogène ou néon de laboratoire ? Pourquoi pas, quand on s'attrape, sans préambule, pour un coup de fougue, et puis s'en va ! Une veilleuse indirecte ? Sans doute le meilleur éclairage de l'amour, le plus habituel aussi. Bougie façon Georges de La Tour ? Magnifique, à condition de ne pas la disposer trop près des rideaux. Non, ce n'est pas une question de bon ou de mauvais goût ; c'est juste aussi dangereux que le foulard de soie sur la lampe de chevet ; de nombreux incendies ont commencé comme ça ! Nous sommes également tentées de vous retrouver dans l'obscurité. Le noir nous va aussi très bien, car notre corps, parfois fatigué, peut alors, sans crainte de déplaire, se laisser aller à tous les délices, sans être encombrées par ses trop de…, pas assez de…, et plus du tout de… Quant à la lumière naturelle, celle du soir redessine votre profil à l'or, adoucit vos fatigues, tandis que celle de l'aube nous donne la merveilleuse impression d'un homme tout neuf à découvrir !

Michel

Difficile de faire mieux !

Je vais pourtant faire un petit rajout… Puisque nous parlons de lumière, comme vous le savez, mesdames, nous sommes très visuels ; or, quand le soleil brille, et qu'il fait chaud, vous contempler tandis que vous marchez en tenue légère, les jours de chaleur, provoque chez nous des élans incontestables, surtout si vous transpirez un peu et que vous libérez des phéromones, ces substances chimiques qui nous alertent sur le désir qu'on éprouve pour vous. Bien que parfois distraits, nous avons remarqué que la lumière du printemps et de l'été avait des effets positifs sur votre libido, en augmentant vos sécrétions de lulibérine, d'œstrogènes, de progestérone, et de testostérone, hormones très favorables à la sexualité, qui peuvent nous rendre charmants, ou à l'inverse… lourdingues. Nous parlons de chaleur, et non de canicule, car de sérieuses études constatent que, neuf mois après un fort épisode caniculaire, la natalité baisse de 6 %, c'est dire…

Visuels, donc, nous apprécions aussi l'amour à l'ombre, plus mystérieux, où d'autres sens prennent la relève de la vue. L'ouïe, particulièrement. Eh oui ! L'amour peut avoir de l'influence sur le son de la voix. La nôtre se fait un peu plus aiguë, et la vôtre un peu plus grave ; l'amour provoque une sorte de mimétisme, comme si l'on avait inconsciemment tendance à vouloir imiter le son du ou de la partenaire. Une étude américaine a récemment révélé, que non seulement les voix changent pendant un échange sexuel, mais une personne qui vous, nous entend parler, même si elle ne connaît aucun de nous deux dans la réalité, est capable de percevoir que vous et nous sommes amoureux !

Maman, belle-maman

« *Je ne dis pas qu'il faille empêcher les mères d'aimer leurs petits. Je dis simplement qu'il vaut mieux que les mères aient encore quelqu'un d'autre à aimer. Si ma mère avait eu un amant, je n'aurais pas passé ma vie à mourir auprès de chaque fontaine*[21]. » (Romain Gary)

Premières perceptions auditives intra-utérines : les battements de son cœur, et sa voix. Premières sensations tactiles et olfactives après le cri de naissance : sa peau. « Maman » est un des premiers mots prononcés, il restera son nom pour la vie. Premier jeu de la petite fille qui imite avec sa poupée les gestes et les discours de sa mère. Premier amour du petit garçon. Premier rempart contre les agressions. Gardienne et mémoire de l'enfance. Première déesse du premier groupe humain, quand les mâles attribuaient le mystère de la maternité aux dieux…

Certaines femmes ne souhaitent pas devenir mamans ; d'autres, en raison d'un accident de la vie, demandent à une autre femme de porter l'enfant à leur place. Peu importe, car ce qui rend un enfant lumineux, attachant, intelligent, c'est l'amour dont il est entouré ; or ce rôle,

21. Romain Gary, *La Promesse de l'aube*, Gallimard, 1960.

la grande majorité des mamans le joue avec bonheur. Dans la plupart des cas, elles répondent et parviennent à s'adapter aux besoins de leurs enfants, ni trop ni trop peu. Ne pas être une mère parfaite, c'est renoncer à la toute-puissance que l'on croit avoir sur son enfant, et lui permettre de nous quitter pour découvrir le monde. C'est aussi être celle qui a su rester une femme, et l'amante de son compagnon. Que les jeunes pères se rassurent, le couple parental peut être en même temps le couple conjugal, il suffit d'un peu d'attention, et de beaucoup d'humour !

Même lorsqu'une mère, pour de multiples raisons, n'est pas « une mère suffisamment bonne » (Donald Woods Winnicot), nous lui conférons une place sacrée qu'est loin d'occuper l'autre : la belle-mère… Les relations belle-mère/ belle-fille ont fait l'objet de nombreux écrits et sketches plus ou moins drôles, et peuvent effectivement correspondre à cette image caricaturale de deux viragos s'arrachant l'amour d'un même homme. Mais elles peuvent aussi s'avérer délicieuses, grâce au caractère accommodant de deux femmes qui souhaitent la même chose : la mère étant reconnaissante à sa belle-fille de rendre son fils heureux, la femme étant heureuse de vivre près d'un homme élevé avec amour, et auquel sa mère a appris à respecter celle qu'il aime (dans la plupart des cas…).

Patricia

« *Dans l'amour de la femme pour l'homme, il reste toujours quelque chose de l'amour maternel*[22]. » (André Maurois)

Au début de la maternité, vous avez du mal à reconnaître en nous l'insouciante d'avant ; vous êtes face à une maman, comme le fut pour vous votre mère, et votre amour désirant peut devenir un amour trop respectueux, voire distant… Évidemment, nous ne serons plus jamais la jeune femme qui vous avait séduite. Cependant, la mère demeure une femme, pour peu que vous nous regardiez avec désir !

Votre maman a parfois du mal à accepter que nous empiétions sur un territoire qui lui était jusque-là réservé. D'ailleurs, elle vous appelle plusieurs fois par jour, pour savoir si votre gros rhume va mieux, et dans une réunion de famille, vous redevenez auprès d'elle le petit garçon capricieux qui nous agace tant, mais qui fait toujours ses délices. Elle provoque – sans le vouloir, espérons-le –, des conflits de couple, en voulant imposer sa manière de voir le monde, et de l'accommoder ; pourtant, elle ne peut s'empêcher d'avoir parfois avec nous une complicité toute féminine, où jalousie, humour et tendresse se mêlent avec plus ou moins de bonheur ou de douleur.

---

22. André Maurois, *Sentiments et Coutumes*, Grasset, 1934.

S'il arrivait, par le plus grand des malheurs, que nous décidions de vous expulser de notre vie, nous serions nombreuses à regretter votre mère. D'ailleurs, certaines d'entre nous continuent de voir leur ex-belle-mère avec joie, et en secret pour ne pas vous blesser. D'autres femmes, en revanche, se sentent enfin soulagées de ne plus avoir à vous partager continuellement avec celle qui nous considérait comme une voleuse, et mettait beaucoup d'énergie à nous faire payer cher cette forfaiture.

En ce qui concerne notre maman à nous, un seul mot sur elle, et vous êtes virés !

Michel

Mais non, vous n'êtes pas notre mère de substitution ! Fausse, cette idée selon laquelle nous trouverions auprès de vous ce côté maternel qui nous rassure ! Bien sûr, la confusion peut exister, par exemple chez les hommes qui appellent leur femme « maman » ; cela a au moins le mérite d'être clair. Mais pour les autres, il y a bien une mère, et une femme. Aussi y a-t-il de quoi être irrité quand un psy nous explique que, si ça ne va pas dans notre couple, c'est parce que nous considérons notre femme comme une mère, tandis qu'elle veut que vous la regardiez comme une femme.

Notre maman, la vraie, ne vous a pas toujours aidée au début : normal, vous lui piquiez son fils, alors il fallait bien qu'elle vérifie que vous alliez faire l'affaire, que vous nous dorloteriez comme elle le faisait. Sauf que, en plus de vous occuper des enfants (sans oublier votre aîné : nous !), vous devez travailler…

Quant à votre mère…

Masturbation

« *Il n'est rien en somme dont l'homme ne se cache aussi totalement que de la masturbation. Notre jeunesse pourtant se développe autour et le nombre d'hommes et de femmes qui s'y adonnent, jusqu'au déclin de leurs désirs, est prodigieux*[23]. » (Maurice Sachs)

Le mot est plutôt laid, et sa définition dans le dictionnaire peu élégante : « Avec la main, action de souiller [!] soi-même ou son partenaire, par excitation des parties génitales. » Pourquoi ne pas dire : « procurer du plaisir ? » Nous n'avons rien inventé, tous les mammifères la pratiquent ! Nos moments de plaisir solitaire portent un nom : l'onanisme, du nom d'Onan, un personnage biblique. La masturbation est depuis toujours considérée comme un péché par les uns, comme une maladie par les autres, et les croyances anciennes perdurent. Les différents moyens coercitifs utilisés au cours des siècles pour empêcher cette pratique s'apparentent à des tortures. Elle est encore réprimée vigoureusement dans certaines cultures, à grand renfort de traitements divers, allant de l'emprisonnement des mains jusqu'à

23. Maurice Sachs, *Le Sabbat. Souvenirs d'une jeunesse orageuse*, Corrêa, 1946.

l'excision. Pour exemple, les couturières du XVIIIe siècle, qui étaient excitées par la pratique de la machine à coudre à pédale, subissaient cette « opération » si elles ne se calmaient pas. Merci Messieurs les médecins !

Parfois, la masturbation est si valorisée pour les garçons qu'il leur arrive de la pratiquer en groupe sous forme de concours… Pour les filles, c'est toujours une pratique solitaire un peu honteuse, même si de vaillantes aventurières expliquent sur les blogs, et les réseaux sociaux comment faire pour bien faire.

Même si la dédiabolisation est en cours, une femme sur deux considère encore la pratique comme dégradante. Connaissant mal leur corps en n'osant pas encore regarder leur sexe dans un miroir, elles se privent ainsi d'un exutoire précieux. Ne sachant pas elles-mêmes quelle partie de leur anatomie leur procure le plus de plaisir, elles ne peuvent pas non plus guider leur compagnon vers une découverte de bonheurs partagés.

Si l'autoérotisme permet de découvrir son corps, de répondre à un besoin de décompresser, ou de se rassurer agréablement lorsqu'on est en proie au découragement, à l'angoisse, à la solitude ou à l'ennui, la masturbation entre un homme et une femme est une activité érotique ayant une véritable valeur en soi.

Patricia

Faut-il vous l'avouer ? La jouissance la plus infinie, l'orgasme le plus complet, c'est durant un exercice solitaire que la majorité d'entre nous la ressentent. Pour la simple raison que c'est le seul moment où nous avons l'absolue maîtrise de la situation et que nous pouvons tester nos sensations. Le moment est choisi par nous, sans impatience ; notre corps décide du rythme et de l'intensité, à sa convenance. Nous disposons de différentes techniques, allant du puissant jet d'eau, au frottement doux, sur le ventre ou le dos, et bien d'autres encore, dont chacune d'entre nous a le secret. En revanche, en ce qui concerne le bonheur, nous le confirmons, ce n'est pas dans une relation solitaire que nous naviguons avec le plus de volupté, mais dans vos bras. Nous pouvons nous offrir une pause masturbatoire de temps en temps, pour nous détendre, comme nous dégustons un gâteau pour nous réconforter. Alors qu'avec vous… le lit devient bateau, l'amour devient voyage !

Michel

« *L'avantage de la masturbation, c'est qu'en principe ça évite les préliminaires.*[24] » (Jean Yanne)

Les femmes se masturbent : ce n'est pas une grande nouvelle. En revanche, ce serait peut-être une surprise de savoir à quoi, surtout à qui vous pensez pendant l'acte. Eh oui ! Nous sommes jaloux, même quand cela ne concerne que vos moments d'intimité.

Mais racontez-nous donc un peu… Comment ? Où ? Quand ? Et avec quoi ? Ça, c'est du pur fantasme ? Vos parties de plaisir solitaire ne laissent pas d'autres traces que du rose sur vos joues. Alors, on imagine que cela peut se passer n'importe où, dans la voiture, au bureau, aux toilettes… Pour nous, c'est déjà beaucoup plus compliqué. Nous devons nous cacher, nous essuyer, et ça nous rend parfois un peu honteux !

Cela dit, il faut aussi que vous sachiez que, pour vous autant que pour nous, ce geste antistress et analgésique favorise l'endormissement donc le sommeil, stimule le rythme cardiaque, abaisse notre tension, et améliore notre sexualité en nous entraînant à nous maîtriser. L'onanisme est une pratique plus saine que les anxiolytiques, antalgiques, somnifères, pacemakers, hypotenseurs, et pilule bleue ; le traitement est immédiatement efficace, agréable, et sans aucun effet indésirable !

---

24. Jean Yanne, *J'me marre*, Le Cherche Midi, 2003.

Mémoire

« *Notre mémoire est un monde plus parfait que l'univers : elle rend la vie à ce qui n'existe plus*[25] ! »
(Guy de Maupassant)

De tout ce qu'elle enregistre au cours de l'existence, notre mémoire ne restitue qu'une toute petite parcelle, sauf si elle est régulièrement sollicitée. Si une personne pouvait se souvenir de tout ce qu'elle a vécu, ressenti et pensé, ce don serait vécu comme une punition, puisqu'elle pourrait relier chaque acte de sa vie au précédent, et au suivant, retracer le fil de ses pensées avec tous ses tours et détours, chaque détail de sa vie serait noyé dans des archives tellement surabondantes qu'elle ne pourrait en faire ni l'analyse ni la synthèse.

À l'opposé, et tout aussi invalidante, la perte de mémoire progressive, premier symptôme de maladie dégénérative des neurones, type Alzheimer. Entre ces deux extrêmes, la mémoire offre l'oubli salvateur après des traumatismes trop douloureux. Mais quand les souvenirs des violences subies, demeurés tapis durant des années dans un coin du cerveau, reviennent en force, et

25. Guy de Maupassant, « Suicides » [1880], *Les Sœurs Rondoli et autres nouvelles*, Paul Ollendorff, 1884.

que l'on n'est pas prêt à affronter cette réalité, attention ! L'amnésie traumatique génère de multiples souffrances.

Grâce aux « trous de mémoire », on sélectionne les détails qui ont eu une forte densité émotionnelle. Quant à l'infinité de choses que le cerveau a triées, sélectionnées, gardées un temps, puis évacuées, c'est grâce à leur disparition momentanée, précisément, que chacun et chacune peut réinventer, décider, choisir, et réinventer son existence à chaque instant.

Patricia

« *La mémoire du dégoût est plus grande que la mémoire de la tendresse*[26]. » (Milan Kundera)

À notre connaissance, c'est bien la seule chose que vous acceptiez d'avoir courte. À la question : « Tu te souviens ? Tu m'avais promis de… » nous obtenons la sempiternelle réponse : « Moi ?! Je n'ai jamais dit ça » ou bien : « J'ai oublié ». Comme avec les enfants, nous nous trouvons souvent dans l'obligation patiente de vous encourager : « Je sais que tu n'as pas fait exprès de l'oublier, mais j'aimerais que, la prochaine fois, tu fasses exprès de ne pas l'oublier ! » Lorsqu'on sait qu'il n'y a aucune raison génétique pour que vous ayez des trous de mémoire répétitifs, nous sommes un certain nombre à penser que vous vous foutez de nous !

Et cela, toutes générations confondues.

26. *Le livre du rire et de l'oubli*, Gallimard, 1985.

Votre mémoire, mystérieusement très sélective, nous agace tout particulièrement ! Vous ne vous rappelez absolument plus que nous avons un dîner de famille prévu depuis trois mois, mais vous n'avez toujours pas oublié l'anniversaire de votre premier amour avec celle qui vous a donné « tant de bonheur ! », ni la date de la finale de football, qui pourtant n'aura lieu que dans six mois.

Rappelez-vous la priorité absolue à intégrer dans la mémoire de votre disque dur personnel : nous, et tout ce qui nous concerne. Le reste devrait être rangé dans des logiciels de secours à n'utiliser qu'avec notre assentiment !

Michel

« *Quand je revois les photos d'autrefois, je ne comprends pas comment j'ai jamais pu aimer cette femme*[27]. » (Marc et Jean-Yves Tadié)

La catastrophe ! Là aussi, comme pour les décisions, on est battus, archi-battus. Notre mémoire est ultracourte, c'en est même indécent, honteux ; surtout, ça nous met dans des situations terribles. Par exemple, il y a deux mois, on vous a raconté qu'on était à un dîner professionnel… Eh bien ! pas du tout, on dînait avec une « ex ». Rien de grave, sauf qu'on n'avait pas envie de vous le dire. Pour ne pas vous inquiéter. Si, si ! Deux mois plus tard : la gaffe ! Faute de pouvoir nous souvenir

27. Marc et Jean-Yves Tadié, *Le Sens de la mémoire*, Gallimard, 1999.

de ce qu'on vous a dit ce soir-là, on se prend les pieds dans le tapis. Votre mémoire est une arme absolue… comme votre ironie. Vous savez vous en servir, jouer avec, nous faire chuter quand vous le voulez. Allez-y, profitez-en ; on n'a pas les moyens de se défendre.

Et tout est comme ça, sauf pour les choses qui nous arrangent, ou les résultats sportifs. Ça doit venir de notre logiciel sélectif !! Quant au caractère fugace de nos souvenirs, ça doit être génétique ; à moins que ce ne soit notre désintérêt pour ces événements. Car nous n'oublions jamais les souvenirs de bonheur avec vous. Quand nous marchons seuls le long de la plage où nous adorions jouer, pêcher, et nager étant enfants, ce ne sont plus ces souvenirs-là, qui nous reviennent, mais ceux, plus récents, d'une promenade faite avec vous en ce même lieu, profondément inscrite dans notre mémoire par la charge affective liée aux moindres détails ! Pour que ce souvenir heureux perdure, « (…) le cœur doit avoir été frappé. »[28]. Depuis ce jour, des prolongements neuronaux et de nouvelles synapses créent de nouvelles connexions qui se renforcent à chaque promenade, tant que nous vous aimons…

28. *Ibid.*

Nom

« *Nomen est omen : le nom est présage.* »

3 000 ans av. J.-C., la Chine fut sans doute le premier pays à adopter le principe du nom de famille. Dans l'antique Rome, prénommer était un acte sacré et prédictif. En France, jusqu'au XIIe siècle, les individus sans titre ni position sociale étaient seulement surnommés. Ensuite, religion aidant, ils reçurent un « nom de baptême ». Faute d'un nombre suffisant de saints avérés, le choix était si restreint que, dans chaque commune, dix prénoms désignaient une centaine de personnes. Puis l'augmentation de la population incita à surnommer les personnes de façon plus précise, en fonction de leur métier, trait de caractère, aspect physique, etc.

En 1804, l'essor de la classe bourgeoise favorisa la promulgation du code civil, qui rendit obligatoire la transmission du nom du père aux enfants. Quant à l'adoption de ce patronyme par l'épouse, ce n'était qu'un usage, puisque la femme a toujours pu garder son nom, même après le mariage. La plupart ignorant cette possibilité, des générations de femmes ont sacrifié à cette coutume, et parfois avec chagrin, un nom auquel elles tenaient.

À peine né, le bébé est rattaché à sa famille par son patronyme. Déjà beaucoup porté, usé, redoré, écorché par ses ascendants, ce patronyme lui est confié, à charge pour lui d'en faire bon usage, qu'il soit honorifique, célèbre, culpabilisant ou motivant selon l'histoire de la famille. Ce nom le suit partout, et grandit à mesure que grandit sa place dans la société. Il le donnera à ses enfants, à son entreprise. Et la loi donne désormais le droit aux enfants de porter le nom de leur père, ou de leur mère, ou les deux, et les transmettre à leurs propres enfants. Cette réforme révolutionnaire crée dans les couples des débats qui vont bien au-delà du simple patronyme ; plus que le nom, c'est une culture, et une loyauté familiale que l'on souhaite transmettre, et que l'on redoute de voir anéanties.

Est-ce vraiment important d'avoir un nom ? Oh oui ! Une preuve : pour réduire, humilier et anonymiser leurs opposants, les régimes totalitaires les privent d'identité en leur assignant de simples numéros. Une autre preuve est donnée par les enfants en récréation : pour abaisser leur souffre-douleur, ils déforment et ridiculisent son patronyme. D'où l'importance de pouvoir le modifier quand on est né Trouduc, Couillard, Grossin, etc.

« Offrir son nom à une femme » signifiait, au XIXe siècle, la demander en mariage. Aujourd'hui encore, la question du nom à conserver ou abandonner en cas de divorce est source de conflits ! Divorcées, les femmes connues sous leur nom marital doivent se recréer une identité. Certaines s'accrochent au nom de leur ex-mari, parfois par opportunisme, par peur de redevenir anonymes après avoir porté un nom honorable, voire prestigieux.

Patricia

En nous choisissant pour la vie, vous pensiez nous faire le plus merveilleux des cadeaux : votre nom de famille. Et pour certaines, c'est un véritable bonheur fusionnel, surtout si votre nom est plus joli que le nôtre, ou que nous sommes heureuses de marquer ainsi une rupture avec notre famille. Depuis l'avènement de la psychanalyse, le nom du père est présumé être un garant contre l'inceste : les filles portent le nom de ceux qui n'ont pas le droit de les toucher – leur père, leurs frères. La mère en accouchant donne la vie, le père en donnant le nom reconnaît l'enfant comme sien. Et nous savons ce que représente pour vous ce symbole, puisque, tant que l'enfant ne présente pas d'évidentes similitudes avec vous et vos parents, vous n'êtes jamais « assurés » d'en être le père.

Mais êtes-vous conscients du déchirement vécu par celles qui souhaitent aussi garder leur nom de famille en se mariant, pour le transmettre à leurs enfants ? Heureusement, depuis 1985, les législateurs ont pris en compte notre légitime revendication, même si vous avez encore du mal à faire un peu de place. Mais votre nom, celui qui a marqué votre identité depuis votre naissance, imaginez un seul instant que vous soyez obligé de l'abandonner pour toujours… De toute façon, le mouvement est lancé, et de plus en plus d'enfants reçoivent le nom de leur mère, seul, ou accolé à celui de leur père.

À cela viennent s'ajouter le choix du prénom et son corollaire de négociations. En relatant la réaction de ses parents, au prénom choisi pour son fils, Jamel Debbouze a magnifiquement tourné en dérision un phénomène qui, poussé à l'extrême, provoque des conflits familiaux sanglants. L'enjeu est la transmission de notre patrimoine culturel dans lequel, par le nom et le prénom de chacun, deux familles pensent chacune être en droit de se reconnaître.

Michel

Alors, heureuse ? Vous êtes parvenue à l'avoir, ce nom, en plus de notre personne ! C'est bien ce que vous vouliez, non ? Devenir enfin Mme « le-nom-du-monsieur » ! Vous aimez tellement mieux les choses quand elles se concrétisent : tulle blanc, fleurs, alliances, témoins en-veux-tu-en-voilà, et le livret de famille !! Que tout le monde sache que, désormais, vous êtes une madame… C'est plus que nous n'en voudrions.

Plus sérieusement, c'est une bonne chose, que vous puissiez désormais garder votre nom aussi. Franchement, vous en connaissez beaucoup, vous, des hommes qui accepteraient de changer de nom sous le prétexte qu'ils se marient ? Ou même, simplement, d'ajouter votre nom au leur ? C'est notre côté macho et généreux, on vous donne notre nom sans rien vous demander en retour ! En cas de divorce, n'oubliez pas de le laisser en partant. Ça n'est pas que vous le voir porter nous dérange, mais on n'a pas trop envie de le voir circuler dans la nouvelle famille que, plus tard, vous aurez envie de fonder avec un autre.

Non !

« *Les deux mots les plus brefs et les plus anciens, "oui" et "non", sont ceux qui exigent le plus de réflexion.* » (Pythagore)

C'est tellement plus facile de dire oui ! Quoi que l'on attende de nous, si l'on acquiesce, l'autre s'en satisfait, et repart avec le sourire, sans se soucier de savoir si sa demande est dérangeante, voire franchement gênante. On n'a pas déplu, on n'a pas déçu, on a été gentil, on croit en toute bonne foi s'être fait un.e allié.e ; tandis que dire non, cela suscite toujours des questions : « Pourquoi non ? Donne-moi une bonne raison ! » C'est une litanie épuisante, qui rend mécontent, mal à l'aise, presque coupable.

A-t-on toujours le choix de dire non ? Pour refuser, s'opposer, s'indigner, protester… Savoir dire non est un véritable défi pour celles et ceux qui ont le sentiment d'être égoïstes en imposant leurs désirs. Ils et elles abaissent leur estime de soi jusqu'à considérer les désirs de l'autre comme forcément plus importants et intéressants que les leurs. Or, cela amène à ne plus être respecté.e dans le couple, puisque celui ou celle qui se voit opposer un « non » parvient souvent à retourner la situation. Il arrive que la domination soit si forte, quand le dominant exige le oui, qu'il entend le non comme une provocation, et exerce alors son pouvoir sans limites, jusqu'à ce qu'il soit trop tard. Nous tenons à rappeler ici que le nombre de féminicides ne cesse d'augmenter !

Désormais, grâce à l'article 222-33-2-1, modifié par la loi n° 2018-703 du 3 août 2018 – art.13, les coupables de harcèlement entraînant la dégradation des conditions de vie du conjoint sont punissables sévèrement, ce qui permet aux femmes de réagir plus rapidement, avant qu'il ne soit trop tard, et de mettre en mots ce qu'elles ne pouvaient dire jusque-là, faute d'être écoutées. Cette mesure permet aussi d'avertir les filles et fils du couple, témoins des scènes de violence, donc possiblement enclins à faire « comme papa et maman », et à leur faire comprendre que ces actes hautement répréhensibles ne doivent, en aucun cas, être reproduits ni tolérés par les victimes, quels qu'en soient les motifs. Et rappelons que les enfants qui assistent à des actes de violence ont les mêmes symptômes traumatiques que s'ils les avaient subis eux-mêmes.

Patricia

Dans une circonstance douloureuse, déstabilisante, comme une séparation, ou une période de chômage, nous devenons vulnérables et si pleines de doutes que, comme l'on s'agripperait à une bouée, nous pouvons être amenées par lassitude, à dire oui à toute sollicitation. Et le regretter amèrement par la suite. Il est donc essentiel de se demander régulièrement : « Qu'est-ce que je veux vraiment ? Et qu'est-ce que je refuse vraiment ? »

Selon une légende dont nous doutons qu'elle fût transmise par une femme, « non » dans notre bouche, voudrait dire « peut-être », tandis que « peut-être » signifierait « oui » Erreur fondamentale ! Pour nous, un non est un NON ! Et pour le transformer en quelque chose qui vous conviendrait mieux, il y aurait du chemin à parcourir ! Les femmes de la jeune génération le racontent en chansons, sketches, et dessins animés… Et si vous ne comprenez toujours pas, elles n'ont pas peur de venir sur la place publique expliquer que leur NON était un NON, et que vous êtes, au mieux, un harceleur, au pire, un violeur.

Dans notre couple, contrairement à ce que vous pensez, nous ne sommes pas bornées. Nous sommes sensibles aux arguments que vous pourriez déployer pour nous faire changer d'avis, s'ils sont intelligibles, raisonnables, honnêtes, et empreints d'empathie. Dans ce cadre-là, nous pourrions réviser notre position inflexible, et… négocier.

Michel

Vous savez mieux le dire que nous : le « non » que vous nous opposez s'accompagne d'un « chéri » Nous, c'est plus sec. Ou alors c'est « Oh ! Noooooon ! », sorte de complainte digne d'un phoque qui vient de s'apercevoir qu'il s'est trompé de banquise !

Le « non, pas ce soir » que vous utilisez de temps à autre ne manque pas de tact. On n'est pas dupe, vous n'avez pas envie, enfin, comme c'est dit gentiment, on n'insiste pas… Quand c'est nous qui nous refusons, votre « Oh ! Nooooooon… pas encore ce soir !! » passe un peu plus mal. Nous saluons tous le fait que la législation prenne enfin en compte les maltraitances qui pouvaient, jusqu'à récemment, vous être infligées en toute impunité. Mais la nouvelle loi nous inquiète, même et surtout quand on n'est pas l'un de ces primitifs toxiques et dangereux, si l'on est à la fois père divorcé ou séparé, et papas bientraitants. Nous pouvons craindre, en effet, les possibles détournements de ladite loi par des mères de mauvaise foi, qui l'invoquent injustement pour récupérer la garde exclusive des enfants. La loi elle-même est justifiée, mais les situations restent difficiles à prouver par les victimes de violences psychologiques réitérées, puisqu'elles ne laissent pas de trace matérielle. Ces situations induisent l'appréciation forcément subjective des juges. Où se situe la limite entre une scène de ménage ordinaire et une entreprise de harcèlement moral ?

Odeurs

« *Quoi de plus stimulant pour la mémoire enfouie qu'une odeur, un parfum ?* » (Marcel Proust)

On l'a dans le nez, on ne peut pas le ou la sentir… Il ou elle me mène par le bout du nez… L'odeur de ses cheveux est irrésistible… Il pue la peur… Ça sent le malheur… Ces expressions montrent bien que les odeurs entraînent tour à tour l'attirance, la gêne, la répulsion.

Chaque humain porte une empreinte olfactive unique, qui joue un rôle important dans la stimulation du désir sexuel. Bien qu'il n'existe pas encore de registre « odeurs » comme pour l'ADN, le choix d'un.e partenaire dépend beaucoup du profil génétique exprimé par son odeur, identifiée inconsciemment par notre cerveau reptilien.

De nombreuses femmes se sentent embarrassées par leurs éventuelles odeurs corporelles déplaisantes (pertes vaginales, règles, mycoses) et tentent de les masquer par une hygiène quotidienne drastique, à grand renfort de parfums, de déodorants spécifiques (pieds, intimité, aisselles). De leur côté, les hommes deviennent de grands consommateurs de produits antiodeurs. Les nez sont donc plus habitués à sentir les fragrances artificielles concoctées par les chimistes que celles émises par notre corps…

On peut tomber amoureux d'une odeur si intensément que l'on en reste aveugle et sourd au reste de la personne. Ces coups de foudre olfactifs existent, mais durent rarement, surtout si ladite personne est affublée d'un cortex un peu lisse.

Qu'en est-il, d'ailleurs, de ces fameuses phéromones dont on sait que ces sécrétions odoriférantes déclenchées par des glandes sont transmissibles ? La preuve : l'on « sent » les vêtements de l'autre pour s'assurer que personne n'y a déposé ses propres sécrétions. Le message qu'elles émettent, perçu plus ou moins consciemment par le partenaire sexuel, suscite son désir et son excitation, ou le contraire. Quoi qu'il en soit, s'il prélude à la copulation chez les animaux, le jeu hormonal n'est pas, chez les humains, aussi déterminant que le regard ou les émotions.

Il arrive que, privés d'odorat à la suite d'une maladie ou d'un accident, donc n'ayant plus accès à ce mode d'excitation, certains hommes voient leur désir sexuel diminuer drastiquement, pour parfois disparaître tout à fait.

Patricia

Nous passons notre temps à nous savonner, « antitranspirer », « désodoriser », poncer, crémer, parfumer justement pour vous épargner les effluves de nos sécrétions, et certaines d'entre nous apprécieraient un peu de réciprocité ! Les odeurs fortes dites naturelles étaient utiles et appréciées, du temps où l'homo « à-quatre-pattus » ne disposait de ses pattes avant que pour se déplacer et dépecer un gibier appétissant ; ce temps où il ne maîtrisait pas encore le langage pour communiquer. Mais maintenant que l'homo est « erectus », que nous n'avons plus besoin de nous renifler mutuellement le derrière pour connaître nos sentiments et intentions, nous apprécions un peu plus de raffinement.

Oui, c'est vrai, quelques phéromones nous mettent dans tous nos états, quand elles siègent dans votre cuir chevelu, votre torse, vos poignets. D'ailleurs, les tests scientifiques assurent, à nos narines défendantes, que l'odeur des aisselles masculines nous fait craquer. Oui, si votre sueur est fraîche et en quantité raisonnable. En vérité, lorsque dans un grand élan d'humanité, nous entreprenons affectueusement de réveiller votre désir, cela peut être motivant, voire excitant, mais c'est parfois un plongeon dans l'étal d'une poissonnerie… en fin de marché. Surtout lorsque nous sommes en cette période d'ovulation qui nous rend extrêmement sensibles, notamment aux odeurs. Or, comme à cette même période, nous émettons nous-mêmes une odeur plus forte, vous la percevez, et sécrétez plus de testostérone. On peut s'interroger à ce sujet : qui, à ce moment précis, a commencé à exciter l'autre ?

André Holley, professeur spécialisé en neurosciences sensorielles, assurait que : « se parfumer, c'est évincer un langage trop cru au bénéfice de la métaphore (…) et maîtriser les moyens de la séduction. » En votre absence, Messieurs, il nous arrive de renifler avec bonheur le pull ou l'écharpe que vous adorez, mais il est rare que le fumet de vos chaussettes sales nous fasse grimper au septième ciel ! Cela nous amène au mot PARFUM : de grâce, usez-en, on adore ça… pas seulement pour tenter de nous cacher les autres odeurs, mais après avoir pris une douche !

Passé ce moment d'humeur, nous reconnaissons que vous êtes de plus en plus nombreux à prendre soin de vous et à parfumer nos nuits. Et puis, nos fluides corporels ne sont pas tous signés par un grand Nez réputé de Grasse. L'orgasme provoque, chez de nombreuses femmes, l'émission d'un liquide souvent nauséabond, dont elles ont si honte que certaines préfèrent se retenir de jouir, plutôt que d'infliger ce jet suspect à leur partenaire.

Michel

« *Pour trouver l'âme sœur, les applications et autres algorithmes c'est bien beau ! Mais cela nous fait parfois oublier l'essentiel : il y a une part d'imprévisibilité dans l'amour. Quand ça marche entre deux personnes, c'est aussi grâce aux phéromones*[29]. »

29. Voir https://www.rtl.fr/actu/bien-etre/michel-cymes-nous-fait-decouvrir-les- pheromones-les-hormones-de-l-amour-7792604285

Pour définir les phéromones, on pourrait parler de messages chimiques. Vous savez que notre organisme sécrète des hormones, comme la dopamine (l'hormone du désir), la sérotonine (l'hormone du bonheur) et l'insuline (qui régule notre taux de sucre dans le sang), qui restent en circuit fermé. Les phéromones au contraire s'évadent de notre corps par tous les moyens : par la sueur, la salive, les sécrétions vaginales, les urines, les selles, envoyant ainsi un message susceptible d'être interprété par un représentant de la même espèce. C'est grâce à elles qu'un papillon détecte le bon partenaire sexuel même éloigné de plusieurs kilomètres.

Grâce à l'hippocampe, qui en fait un souvenir et qui le fixe, le cerveau garde intacte l'empreinte d'une odeur. Contrairement aux autres sens, l'odorat va directement jusqu'au cerveau, où les impressions sensorielles se mêlent intimement à des souvenirs d'endroits ou de moments. La mémoire des odeurs retient et relie les faits et les émotions.

Quant aux substituts d'odeurs corporelles que sont pour vous, chères Mesdames, les parfums, lotions, crèmes, déodorants, shampooings, après-shampooing et autres produits de beauté féminine, ils vous enveloppent d'un bouquet d'odeurs, si variées, qu'elles peuvent dérouter… Et puis ne vous fâchez pas si, au bout de dix ans, nous ne connaissons toujours pas le nom de votre eau de toilette ; nous ne mémorisons pas ce qui encombre notre disque dur. Ce qui ne veut pas dire, comme on l'entend si souvent, que nous ne faisons pas attention à vous !

Mais venons-en aux choses plus délicates. Quand nos câlins nous emmènent vers la « salle de jeux », l'anatomie étant ce qu'elle est, les effluves de vos parties génitales chatouillent nos organes olfactifs, et là, pardon pour les détails… cette étrange sensation olfactive se révèle excitante pour certains, rédhibitoire pour d'autres. Quand il était très éloigné de sa chère Joséphine, Napoléon lui envoyait ce genre de lettre : « Ne te lave pas, j'accours et dans huit jours je suis là ! » En notre temps à nous, les pestilences corporelles n'ont plus cours. Entre fuites urinaires, règles abondantes, ou mycose, nous savons qu'il ne s'agit pas toujours d'un problème d'hygiène. Certaines d'entre vous ont cependant la glande particulièrement prolixe, odorante, et pas toujours flatteuse…

Après l'amour, votre flore vaginale peut devenir nauséabonde sous l'effet de l'azote contenu dans notre sperme, et de la sécrétion excessive de « Gardnerella vaginalis », bactérie sécrétée en excès. Dans la plupart des cas, ce déséquilibre bactérien est dû à une hygiène intime trop maniaque. Retenez une fois pour toutes que votre vagin est comme les fours modernes ; autonettoyant !

Lorsque votre odeur intime nous enivre, pour la garder le plus longtemps possible, certains d'entre nous ne se lavent pas les mains jusqu'au soir. D'autres subtilisent la petite culotte, qu'ils vont ont ôtée juste avant de… ou juste après le…, et l'enfouissent précieusement au fond de leur poche, afin, en la humant de temps en temps, de réactiver le souvenir émotionnel de leurs ébats.

Orgasme

« *Le sexe apaise les tensions, l'amour les provoque.* » (Woody Allen)

Sur le plan cérébral, si les mécanismes de l'orgasme restent à l'étude, il semble que son paroxysme corresponde à une activité électrique synchronisée de plusieurs aires du cerveau, phénomène comparable à une crise d'épilepsie, un état de conscience modifié[30]. La racine grecque du mot « orgasme » (orgasmós), de « orgân », signifie « bouillonner d'ardeur ». Associé à l'éjaculation chez l'homme, aux contractions rythmées des muscles périnéaux et intravaginaux chez la femme, l'orgasme est ressenti comme la jouissance extrême, le paroxysme du plaisir sexuel. De livres en films, puis en débats, sur les sites et les blogs, l'orgasme fascine, bien que peu nombreux.ses soient les élus.es à une sexualité épanouie, et un orgasme pleinement ressenti, surtout parmi les femmes.

Ne jamais avoir d'orgasme, dans la majorité des cas, résulte d'une cause psychologique ; seuls 5 % des anorgasmies sont dues à une maladie. Les hormones jouent un rôle important, autant que la vigilance chez l'homme,

30. Source : https://www.cerveauetpsycho.fr/sd/neurosciences/quest-ce-que-lorgasme-12452.php

et la capacité de jugement chez la femme. Quand elles sont désactivées, la peur de perdre le contrôle, et la difficulté à lâcher prise sont très impliquées dans cette inhibition. Il est indispensable de bien connaître son corps et ses potentialités pour pouvoir évoluer d'une expérience solitaire à une sexualité de couple riche ; or, la sexualité masculine étant valorisée chez le garçon et dévalorisée chez la fille, il est normal que les femmes aient plus de difficultés à parvenir à une pleine jouissance.

Patricia

Le plaisir féminin a fait l'objet de nombreuses études, et a été plus ou moins malmené tout au long de l'histoire. Recherché et encouragé lorsqu'on le croyait aussi nécessaire à la fécondation que l'éjaculation, puis inopportun lorsqu'il fut décrété qu'une femme « honnête » n'était pas censée avoir de plaisir. L'orgasme était donc pour beaucoup d'entre nous un coup de chance, un accident de parcours, une peur, une honte, ou pire : il n'était pas ! Certaines vieillirent dans l'aigreur, d'autres prirent le voile, d'autres encore prirent le parti, sinon d'en jouir, au moins d'en vivre en le simulant moyennant finances. Quelques-unes sublimèrent leur frustration dans la poésie, la politique, ou la philosophie !

Si l'on en croit l'étude menée par la psychologue Andréa Burri sur 3 000 femmes, nous étions nombreuses à ignorer que le point G ne se résumait pas à un unique point (simple balise visible le long d'un long et riche circuit nerveux invisible), et parmi celles qui le savaient, nous étions nombreuses à ne pas l'avoir trouvé sans oser l'avouer ! Nous n'étions pas dupes des bruyants orgasmes joués par des actrices de films pornographiques ! Mais comme nous sommes de bonnes élèves, ceux-ci nous ont conduits tout droit à la simulation, à seule fin de vous persuader que vous étiez performants, et que nous étions des amantes averties. D'après les dernières statistiques, la moitié d'entre nous simule plus ou moins régulièrement, pour de multiples raisons, la principale étant notre désir de vous faire plaisir. Heureusement, les jeunes femmes se sont emparées du sujet. Elles font tomber les tabous qui entouraient notre accès au plaisir, et désacralisent le fameux point G.

Pour les débutantes, qui ont parfois joui, mais sans avoir compris comment, la quête est laborieuse. Enfin, pour celles qui, faute de désir, pensent être anormales, l'orgasme semble être un luxe réservé à l'élite. Rassurons-nous, l'exquise exaspération des sens est à la portée de toutes, il existe même des séminaires de pratique à la recherche du plaisir… L'orgasme féminin est devenu un droit !

Michel

Nous pourrions nous satisfaire exclusivement de ce qu'on s'apporte lors de nos petits travaux manuels, mais l'espèce s'éteindrait vite. La nature ayant bien fait les choses, quelques complexités endocrines suscitent en nous l'accoutumance et l'addiction, qui nous donnent toujours plus envie de « ça », puis l'envie d'y jouer avec d'autres. Voilà comment, au cours de sa vie, l'enfant masturbateur devient adolescent partageur, donc jeune géniteur, chercheur donc jouisseur, et inventeur de sensations fortes.

À propos de sensations inoubliables, nombre d'entre nous entendent parler des « femmes fontaines » sans savoir à quoi cela correspond. C'est très simple. Cela se produit lors des quelques contractions-réflexes (de quatre à six environ) perceptibles à l'entrée du vagin (du côté anus), qui sont les symptômes de l'orgasme avéré de la femme. Au même instant apparaît un liquide clair, blanchâtre, sécrété par les glandes de Skène (situées sous l'urètre), parfois mêlé de la cyprine sécrétée par les glandes de Bartholin (situées près du vagin) ; il gicle comme un jet d'urine, avec souvent une odeur sauvage.

Pour vous, la sensation ressemble de si près à la miction, qu'il vous est difficile de dissocier le plaisir d'éjaculer, du soulagement d'uriner ; ce, d'autant que le volume de ce « sperme » féminin varie de quelques gouttes à un grand verre. Nous devons donc rassurer celles qui découvrent avec nous ce phénomène : non, vous n'êtes pas subitement devenues incontinentes ! Si les jeunes garçons peuvent alors manifester un étonnement un peu dégoûté, voire horrifié, sachez que de nombreux hommes apprécient vivement les « femmes fontaines » !

Panne

Plusieurs raisons peuvent expliquer une panne sexuelle, et aucun homme, même particulièrement bien constitué, n'y échappe. À l'origine de cette impossibilité momentanée à fonctionner : fatigue, alcool, stress, ou manque d'envie, pas nécessairement lié à l'autre. Un homme peut être très désirant, et se trouver dans l'incapacité d'avoir une érection. Surtout la première fois : la peur de mal faire, de faire mal, de déplaire, sans oublier les fantasmes encombrants, qui ont précédé l'étreinte et paralysent l'élan. Ce ne sont certes pas des conditions idéales pour favoriser l'érection. La performance à tout prix fait des ravages : le pénis doit mesurer tant de centimètres, tenir en érection longtemps, assurer un certain nombre de fois par mois, etc. Cette course à la médaille, appelée « anxiété de performance », étant la première cause des troubles de l'érection, le problème peut être résolu par la rencontre avec un psychologue, ou par un évènement susceptible de restituer la confiance en soi : ledit évènement peut être l'humour bienveillant du, ou de la partenaire…

Une consultation médicale peut-être nécessaire, ne serait-ce que pour vérifier qu'aucun organe n'est atteint, car la panne peut être le prélude à un ennui de santé, et sert de signal d'alerte. Lorsqu'on s'est assuré. e que tout va bien sur le plan anatomique, la rencontre avec un sexothérapeute, à voir seul ou en couple, peut aider à dénouer les fils d'un problème psychologique. Les essais médicamenteux, les techniques diverses (injections, pompes, etc.), et la pression ressentie pour redevenir performant, parfois vécus comme une nouvelle humiliation, peuvent accentuer la peur de l'échec. Heureusement, dans la majorité des cas, ces troubles érectiles ne sont que temporaires.

Patricia

« *Tantôt le cœur est le moteur du sexe, tantôt le sexe du cœur. On ne le distingue qu'au moment des pannes*[31]. » (Maurice Chapelan)

« Même pas grave ! » comme disent les enfants. Et pour nous, c'est vrai. Du moins, si nous sommes assurées que votre désir est profond, nous sommes prêtes à tout vous pardonner, à consoler votre ego meurtri, et à mettre du baume sur votre fierté en berne. Humour, tendresse et autres ingrédients feront que la prochaine tentative – nous l'espérons – ne sera pas soumise à l'appréhension, ce qui irait de mal en pis !

Et si la panne était à prendre comme une rupture bienfaitrice dans le train-train bien huilé des rapports ? Une occasion de faire l'école buissonnière sur des sentiers inexplorés ? Après tout, il y a mille manières

31. Maurice Chapelan, *Amoralités familières*, Bernard Grasset, 1964.

exquises de ne pas se sentir mutuellement frustrés le jour où cela survient. Là où les choses commencent à devenir pénibles, c'est lorsque nous avons l'impression, que, finalement, hormis ce moyen, il ne vous vient pas à l'esprit que vous pouvez nous donner du plaisir sans en prendre. La frustration nous gagne lorsque la panne occasionnelle devient impuissance permanente, et que les jeux sexuels ne sont plus au rendez-vous. Notre couple est alors en danger, car si nous pouvons vous pardonner les conséquences d'un phénomène indépendant de votre volonté, nous n'excusons pas ce que nous ressentons comme une posture égoïste.

Michel

« *Je regrette l'époque où on n'était pas obligé de baiser une femme qu'on invitait à dîner.* » (Wolinski)

Parfois, cela ne tient qu'à des broutilles qui risquent de nous faire débander si l'on ne se connaît pas assez. Imaginez le film parlant qui s'enclenche dans notre tête : « Hum ! Je sens un peu sous les bras, mais pourquoi ai-je repris de ce hareng de la Baltique qui me donne une haleine de hussard ? Et cet ongle qui accroche, je vais lui filer son bas… je sens que ça va être foutu ! Bon calme-toi, pense à autre chose, concentre – toi, IL FAUT QUE TU BANDES ! » Et si, avec un peu de chance et beaucoup de bonne volonté de notre part, ça redémarre parfois, on se sent souvent vraiment nul…

Parce que notre obsession, dans ce cas-là, c'est surtout éviter de vous laisser penser que c'est habituel ! Et invariablement, nous ne savons que dire : « Je ne comprends pas, c'est la première fois que ça m'arrive ! », quand nous pensons en notre for intérieur : « Mais, non, pauvre tache ! ça n'est pas la première fois, ça t'est déjà arrivé, qu'est-ce que ça te coûte de le dire, d'expliquer pourquoi en quelques mots ? ».

Mais non. Au mieux, si on essaye d'en parler, on se lance dans des explications alambiquées, et peu crédibles, qui finissent par vous vexer. Heureusement, il faut reconnaître votre grande indulgence, votre gentillesse sans borne qui vous font dire invariablement : « Ce n'est pas grave, dors, tu dois être fatigué ; j'ai quand même passé une superbe soirée. » Pour nous, cela équivaut au bonsoir d'une maman à son enfant... Manque plus que : « Tu n'as pas oublié de faire pipi ? » Alors, vous ne pourriez pas trouver d'autres mots ? Un conseil, évitez-nous ceux-là : « Ne t'inquiète pas, ça m'est déjà arrivé avec d'autres mecs ! »

Passion

« *Il est plus facile de renoncer à une passion que de la maîtriser.* » (Friedrich Nietzsche)

Le retour aux racines des mots est toujours instructif ! Passion vient du mot latin « pati » : souffrance. Si cet état affectif et intellectuel est assez puissant pour dominer la vie et les actions de chaque personne, il peut aussi conduire tout droit à la dépression ou à la folie...

La passion exacerbe toutes les émotions ; l'on n'existe plus qu'à travers l'objet de la passion, jusqu'à l'obsession. Elle est source de souffrance autant qu'exaltation. À travers tous les échanges transparaît une angoisse profonde, puisqu'on donne à l'autre tous les pouvoirs, y compris celui de faire souffrir. L'amour passionné peut se transformer en violence si le sujet de la passion ne répond pas, ou plus, à l'image idéale qu'on avait forgée, dont on était devenu dépendant, si cet être ne remplit plus son rôle de pansement sur nos blessures d'enfance.

Aussi exaltantes soient-elles, les émotions fortes et incontrôlées, qui rendent euphorique, sont parfois très douloureuses. Les amphétamines du cerveau (telle la PEA : la phényléthylamine, dite « molécule de l'amour », stimule le cerveau, la libido, la concentration, et amplifie les sensations de plaisir) provoquent une dépendance proche de celle de la cocaïne ; lorsqu'elles viennent à manquer, les symptômes s'apparentent à un sevrage de drogue. Le désir de retrouver, toujours et encore, cette sensation extraordinaire n'invite pas au sevrage, sous peine d'une descente aux enfers. Au début, l'on ne voit que la flamme allumée, jusqu'au moment où il nous faut constater qu'elle ne donne plus de braise au foyer. Ce qui, hier, était si merveilleux, si léger, donne aujourd'hui le vertige, et le sentiment d'une perte irréparable. Nous sommes prêt.e.s à tout accepter, tout faire pour ne pas subir cette atroce douleur.

On veut bien se laisser transporter par la passion, mais sans les risques de dérapage ; on veut bien succomber à un coup de foudre, tout en conservant la maîtrise de cet emballement. Parfois, la passion ne laisse guère d'autre choix que celui de fuir avant qu'elle ne possède sa victime.

Patricia

Cette surchauffe émotionnelle, à la fois démesurée, incontrôlable, obsessionnelle et éphémère, nous rend belles, intelligentes, jeunes (si besoin est), pétillantes… et indulgentes ; elle métamorphose tous les défauts du monde, vous transforme en un être unique, nimbé de toutes les perfections, et comble toutes nos attentes. Celles et ceux qui se sont évertués à la rendre éternelle ont malheureusement échoué, suicidés, tels Solal et Ariane dans « Belle du seigneur », Roméo et Juliette dans la pièce éponyme.

Aussi averties, lucides et rationnelles que nous soyons, nous voudrions croire qu'avec vous, notre élu, ce sera différent. Et ça l'est. Quelques semaines, voire quelques mois. Mais quand le divin cocktail « ocytocine et dopamine » se tarit, il nous laisse tout apaisées, puis désertées, et enfin désespérées. Incrédules et gênées, nous réalisons que tout a été consommé. Commence, alors, la deuxième étape d'un parcours qui peut se transformer en enfer, ou devenir magnifique si nous nous résignons à perdre ces moments inoubliables, et à accepter qu'ils se transforment en amour vrai, où nous savons alors pouvoir naviguer ensemble vers un attachement délivré du feu, mais aussi délectable que l'eau.

Michel

« *L'avantage du coup de foudre,*
c'est qu'il fait gagner du temps. » (Pierre Doris)

La passion ? Un enfer ! Il faudrait fuir d'emblée cette bouffeuse de temps, cette grignoteuse de neurones ; en un temps record, elle sécrète en nous des acides cent fois plus forts et pernicieux que ceux de notre estomac. Pire encore : elle réduit le monde entier à une seule personne : vous ! Plus rien n'existe, ni vie sociale, ni amis, ni loisirs en dehors de vous, et du portable dont on ne se sépare plus. Quand la passion est partagée, à la limite, c'est à peu près vivable, à condition qu'elle ne dure pas trop. Rien de plus terrible que de se retrouver seuls avec sa passion devenue inutile devant un téléphone qui ne sonne pas. Quand elle fait irruption dans une vie déjà conjugale, c'est un séisme. On a beau en être responsables, on en est surtout le témoin impuissant. À bannir, donc, cette passion qui nous diminue, nous rend dépendants, nous fait perdre la maîtrise de notre destin immédiat, de notre vie ! Vous nous tenez en laisse. Comment l'accepter ? Il semble que vous n'êtes pas si différentes de nous sur ce sujet. Et en même temps, comment ne pas accepter de se faire un peu de mal en se faisant tant de bien ?

Pénis

« *Un instrument des plus capricieux, sur qui l'on ne peut guère compter, encombrant quand il ne sert à rien, absent quand on aurait besoin de lui, partageant rarement les idées de son propriétaire, bref une source de contrariétés sinon de tracas.* » (Jean Dutourd)

La littérature ne traduit rien de nouveau depuis que l'homme existe ! Le pénis, qui apporte une féconde semence dans le ventre de la femme, est idéalisé, divinisé depuis toujours. Le culte phallique se retrouve en Égypte, en Grèce ancienne, en Inde… et à Rome, avec Priape et son sexe avantageux en érection perpétuelle. Chez les peuples où l'on vit dévêtu, le pénis au repos est dissimulé, mais inséré dans un volumineux étui qui attire le regard. Au mot « pénis », Internet affiche une kyrielle de sites consacrés à la question de sa taille, ou fait l'objet d'une curieuse comparaison. Selon les chercheurs de Californie, la taille moyenne du pénis en érection serait de 15,5 cm, tandis que les chercheurs français avancent des chiffres plus modestes : 12,8 cm. On se croirait dans une cour de récréation…

Les films pornographiques ont largement contribué à cette imposture, qui consiste à faire croire que seul un sexe de dimension extravagante peut provoquer chez la gent féminine le plus de plaisir. Or c'est bien de la douleur que ressent une malheureuse lorsqu'un engin long de 18 centimètres pénètre un orifice profond de 10 ! Un jeune homme s'est même retrouvé à l'hôpital, étouffé pour avoir pratiqué une fellation sur un pénis trop grand.

Avis à ceux qui pensent faire une offrande en postant sur le Net de pathétiques photos de leur membre victorieux, qui ne font rêver qu'eux-mêmes. Bien que la femme moderne ait replacé le pénis à sa juste place, entre plaisir sexuel et fécondation, l'homme pense encore que l'attribut fait le mâle. Les nouveaux substituts – pilules bleues et autres traitements de la dysfonction érectile – les confortent dans l'idée qu'il serait honteux d'avoir une panne ou un trouble de l'érection…

Patricia

« *Quand le sexe se dresse, le cerveau de l'homme rentre sous terre.* » (Proverbe yiddish)

La psychanalyse en a fait un objet d'envie pour compenser notre soi-disant manque ! Nous en sommes revenues. Quant à l'angoisse de castration, elle nous semble directement liée au mépris et à la méconnaissance de Freud pour le sexe féminin.

Le rapport que nous entretenons avec cette partie de votre anatomie est étrange. À la fascination se mêlent l'étonnement et la pitié, parfois, pour la gêne que nous imaginons, si un tel volume encombrait notre propre entrejambe. Ce membre, qui vous rend fragiles en n'obéissant pas toujours à votre volonté, suscite toute notre compassion, surtout depuis que nous savons que vous pouvez vous le fracturer ! Notre bienveillance à son égard cesse immédiatement pour se transformer en colère envers ceux qui l'utilisent comme une arme de destruction massive : environ 300 000 viols par an en France ! Malgré tout son talent, Pierre Perret n'a pu résumer, dans sa chanson « Le zizi », l'infinie diversité de vos attributs, selon leur longueur, leur largeur, leur forme, leur couleur, leur orientation, leur odeur, et leur texture. Mais une fois pour toutes, sachez que toutes ces particularités ne sont ni un « must » ni un handicap pour faire de vous un bon « compagnon de voyage ». Même si le plus magique pour nous, c'est le vôtre, plusieurs mots de ce dictionnaire devraient vous permettre de l'utiliser avec talent.

Michel

« *Le sexe masculin est ce qu'il y a de plus léger au monde, une simple pensée le soulève.* » (Frédéric Dard)

On le sait : ce machin qui pendouille comme une asperge flasque, flétrie, et ridée n'est pas à sortir dans n'importe quelle condition. Mais si vous le mettez en émoi, le voici un peu rouge, prêt à bondir, tel un cobra sensible à la musique envoûtante de vos caresses ! Le sujet tourne toujours autour des mensurations... Il y en a, parmi nous, qui vont jusqu'à faire un complexe appelé « syndrome de la douche, ou du vestiaire », quand ils constatent la taille du membre de leurs camarades après la compétition sportive. Or, au repos ou en action, chaque pénis est unique, différent de tous les autres. Cependant, pour les micropénis, la chirurgie moderne propose des solutions.

Que les novices en prennent bonne note : c'est tout au bout, vers le gland, que notre pénis est le plus sensible à vos caresses, à vos baisers, à vos câlineries. Et même très sensible ! Trop vigoureuses, ou si pressantes qu'elles compressent, vos caresses nous torturent ; quant à vos dents... Traitez-le comme vous aimeriez qu'on aborde son petit frère : votre clitoris. Ah ! Là, vous comprenez tout de suite ce qu'on veut dire...

Si nous « fréquentons » souvent notre organe, c'est en raison de sa polyvalence ; il cumule deux fonctions importantes : plaisir et miction. Ça n'est pas comme chez vous, d'un côté le plaisir, et de l'autre le reste. Alors mesdames : respect, attention fragile !

Pornographie

« *On perd son sexe à imaginer celui des autres.* »
(Georges Perros)

Du grec *pornê*, « prostitué.e », et « -graphie » : qui écrit, qui décrit la présence d'éléments obscènes dans certaines œuvres littéraires ou artistiques, magazines, spectacles, etc. Alors que l'érotisme active l'excitation en stimulant l'imaginaire par le symbolisme des situations, la pornographie vise la jouissance immédiate par l'exposition d'une sexualité au premier degré, débridée, burlesque, exonérée d'émotion. L'exhibition érotique affûte la sensualité et l'émotion, tout en respectant la pudeur et la poésie, tandis que les adeptes de la pornographie cherchent l'exhibition crue pour optimiser leur sensorialité. Ainsi résumée, la pornographie, avec son corollaire d'abjection et de vulgarité, devrait faire fuir tout le monde. Pourtant, son succès laisse supposer qu'elle parle à chacun et chacune, ne serait-ce que dans les rêves ou les cauchemars. D'ailleurs, elle ne s'oppose pas à l'amour, elle en exacerbe l'animalité, la dérive possible.

Prendre le plaisir en urgence, sans nuances, peut parfois conduire au pire.

C'est en classant X les films pornographiques que l'on a matérialisé cette différence fondamentale entre érotisme et pornographie. Bien qu'un peu plus élaborés sur le plan de la réalisation, les récents scénarios X nous en révèlent les mêmes limites, une fois que tout a été montré du puzzle sexuel : quelques orifices à combler par quelques protubérances. L'« intrigue » ne sert qu'à enrober les scènes de sexe d'un film qui reste à des milliers d'années-lumière des nouvelles érotiques japonaises du XVIe siècle, dans lesquelles, pourtant, les auteurs ne tournaient pas autour du pot de la sensualité !

Désormais ce fléau touche toutes les générations. Dans notre rôle de parent, nous devons protéger nos enfants influençables et impressionnables de la pornographie affichée sur leurs mobiles, tablettes, ordinateurs, ou montres connectées. La pornographie fait effraction dans la sexualité des adolescents, qui ne savent pas faire la différence entre ce qu'ils prennent pour le réel, et la naturelle effervescence intérieure qui les anime. Bien sûr, on peut les écouter (quand ils acceptent de nous parler), leur parler (quand ils consentent à nous écouter), pour dédramatiser et démythifier le fascinant spectacle de la pornographie. En leur expliquant les divers trucages utilisés sur les plateaux de tournage. Mais, déjà intégrés dans un univers virtuel qui échappe aux adultes, non seulement ils ne croient pas ce que l'on dit, mais ils se défient de tout ce qui vient des adultes.

Au XXIe siècle, les sites pornographiques pullulent et prospèrent en toute impunité ; leur toute-puissance entraîne une révolution physiologique, psychologique, morale, intellectuelle et anthropologique grave, peut-être irréversible.

Patricia

Le Kama Sutra, d'accord. La pornographie, non ! D'abord, il n'y a qu'à regarder quelques-uns des films pornographiques qui attirent le plus de spectateurs, pour deviner qu'ils ont été réalisés par des hommes. Ces fornications haletantes, et cet incessant limage sans imagination ne suscitent en nous qu'un long bâillement. La précision clinique des gros plans du porno inhibe toute capacité imaginative. Or, pour nous, la construction mentale précède toujours le désir. Lorsqu'une réalisatrice de talent consacre quelques minutes de son film à des ébats qui auraient été classés X il y a peu de temps, elle insuffle à la scène la plus audacieuse tant de poésie, de justesse, et de finesse que notre émotion exacerbée nous pousserait volontiers à arracher votre T-shirt avec les dents, et à transformer quelques objets usuels en…

Compris au premier degré, les cris de plaisir que simulent les actrices nous convainquent que, sans le son, nous n'arriverons pas à vous persuader de votre puissance, de vos performances. Or, les relations sexuelles seront décevantes si on compare des choses incomparables. Voir et entendre jouir une Vénus sur l'écran, comparée à la femme terrienne que nous sommes, et qui vous attend à la maison, peut vous démotiver, surtout si nous exultons toujours en silence. Vous sentant déçu, nous nous renseignons… pour nous déchaîner et vocaliser à notre prochain coït. Visionner des films pornographiques, où des clones retouchés s'adonnent à une gymnastique synchronisée, nous laisse désemparées, quand nous rêvons secrètement d'apprivoiser notre corps, puis le vôtre, avec désir, bien sûr, et émotion… Mais pas que !

Michel

Tous les hommes ne sont pas des obsédés du film de boules ! Tous ne sont pas fascinés par les 23 centimètres de « Rocco Siffredi » ; il y a là de quoi faire frissonner de terreur, puis hurler de douleur n'importe quelle femme normalement constituée.

Bon. Ne soyons pas hypocrites. Nous avons tous visionné ce genre de film, comme ça, pour nous amuser avec des copains, ou un soir de désœuvrement dans une chambre d'hôtel impersonnelle, en séminaire à l'étranger par exemple (attention au lendemain, quand il faut payer la note sur laquelle apparaît la mention « film payant »). Ou avec vous, une fois, histoire de rire un peu en faisant l'amour. Visionner ensemble un court film X peut entraîner pour nous une érection salvatrice quand la fatigue, le stress ou l'âge nous empêchent de vous honorer comme vous le méritez, et pour vous un agacement qui peut devenir excitant…

Le problème, c'est que si cette scène entre deux filles nous plaît, et même nous excite, vous voir contempler la chose hors norme de Rocco nous séduit beaucoup moins ; vous nous donnez l'impression de nous tromper un peu, par écran interposé. Là aussi, nous devons faire attention, car si le film dure trop, nous risquons de passer la nuit à l'hôtel du cul tourné…

Si l'usage de la pornographie entre adultes conscients et consentants peut distraire, ou rendre quelques services sur le plan physiologique, vous et nous sommes d'accord pour nous indigner de la façon désastreuse dont l'éducation sexuelle est encore dispensée dans les écoles, les collèges, les lycées. L'enseignement, dangereusement bâclé, survole le sujet en n'évoquant que l'aspect anatomique et mécanique, et fait malheureusement l'impasse sur les dangers réels de l'accès libre et gratuit à la pornographie. Le gynécologue Israël Nisand, qui enseigne les sciences humaines, intervient dans les collèges et lycées pour mettre en garde les élèves : « Depuis une dizaine d'années, les questions des jeunes changent. Ils veulent, par exemple, avoir des infos sur les partouzes. On me parle de fellations collectives dans les toilettes de certains collèges ! Une société qui laisse ses enfants devant ces images-là, sans les accompagner d'une parole d'adulte, c'est une véritable barbarie. »

Se masturber devant un film pornographique soulage sans risque. Mais en visionner plusieurs en s'astiquant frénétiquement, pour égaler l'acteur sur l'écran, et atteindre chaque fois un orgasme plus fort, au point de perdre le contact avec l'extérieur, est beaucoup plus gênant.

Certains sont à ce point dépendants aux vidéos porno que, frustrés, épuisés, anxieux de la baisse de leurs performances, puis de leur absence de désir, ils souffrent de sévères troubles sexuels, érectiles et éjaculatoires. En quête d'un « toujours plus » de sensations fortes évoluant en désirs impérieux de moins en moins satisfaisants, ces hommes présentent des troubles comportementaux : pulsions agressives, autodestructrices, parfois pires. Enfin, attention ! Même dans ce domaine, les médecins sont amenés à traiter de véritables addictions.

Pratiques sexuelles

« *Ma femme est très portée sur le sexe. Malheureusement, ce n'est pas sur le mien.* » (Pierre Desproges)

Comparée à l'éducation reçue, au sens moral inculqué, la pluralité des pratiques, banalisée par les réseaux sociaux, fait parfois douter de la « normalité » de nos rapports sexuels habituels. Aujourd'hui, tout semble possible, tout est permis ?

La diminution des rapports au cours des années est-elle alarmante ou naturelle ? Le couple est-il passé de mode ? Les *sextoys* sont-ils devenus les alliés obligatoires d'une vie sexuelle épanouie ? L'échangisme et les jeux de rôle font-ils désormais partie de notre quotidien ? Les questions abondent, les réponses aussi, mais l'on a du mal à s'y retrouver.

Le libertinage, c'est d'abord la rencontre d'un couple avec un autre pour du mélangisme (préliminaires érotiques). Quant à la justification habituelle : « L'échangisme a sauvé notre couple de la routine », elle est sincère, quoique candide, puisque la plupart se séparent après peu d'années de cette pratique, non à cause de l'échangisme lui-même, mais de problèmes auxquels l'activité sexuelle débridée servait de masque.

De nombreux hommes, accompagnés de leurs amoureuses, profitent des ébats de madame avec un autre homme, pour expérimenter l'amour avec un semblable. Certains se découvrent ainsi bisexuels, voire homosexuels. Ils le diront à leur compagne… ou pas. Quand, d'un commun accord, chacun trompe l'autre en même temps, au même endroit, ce n'est pas tromper…

Patricia

« *La vertu de la liberté sexuelle et des aventures brèves, c'est qu'on y éprouve à la fois l'union et la séparation, l'amour et la solitude, le sucré et le salé : voilà les moments sacrés.* » (Isabelle Sorente)

En plus du choix des genres, il y a celui des rythmes : « Aujourd'hui, tout va trop vite ! » Oui, même dans l'acte amoureux, jusqu'à privilégier les petits coïts-minutes. L'amour à la hussarde, vite fait, bien fait ? Pourquoi pas ? Aujourd'hui, faute de temps aussi pour prononcer les anciennes et charmantes formules, on dit « quick sex ». Entre deux portes, entre deux rendez-vous, dans l'ascenseur… C'est excitant à cause du risque d'être découverts, et consolant quand nos agendas ne laissent pas de place aux longs préliminaires. À condition de s'assurer d'abord que l'autre soit raccord, et qu'il n'interprète pas cette pulsion comme un simple besoin de se soulager. Pour nous satisfaire, vous et nous, le « quicky » doit rester une option, pas un mode de vie !

Une vie sexuelle est réussie quand elle est tour à tour rassurante, surprenante, plurielle, enivrante, inattendue, amusante. Pas bâclée !

L'extase ou la frustration ? Que ce soit un long moment un peu décevant ou un petit coup vite fait pas toujours bien fait avec notre amoureux, ou avec une partenaire manquant de doigté, la frustration guette ; comment échapper à la rancœur qui la suit de près ? Certaines ont trouvé dans le vibromasseur un serviteur fidèle.

Reste à introduire dans le couple ce parfait substitut aux pannes et aux migraines. Pour ne pas vexer l'autre ni être traitée d'obsédée, mieux vaut l'annoncer pour ce qu'il est : un jouet. Et ça ouvre de nouvelles perspectives : l'on découvre que monsieur aime être pénétré, et qu'il apprécie de nous éveiller jusqu'à l'orgasme, sans craindre la débandade. Il est prêt pour le « sex-toy spécial couple ». Quant au sex-toy interactif, les substituts en amour sont ce que sont les copies aux sacs de luxe : pratiques, pas romantiques.

Michel

Si le libertinage nous renvoie aux fêtes du régent Philippe d'Orléans, l'échangisme nous ramène à la cour de récréation parsemée de billes. Nos femmes, on les échange contre quoi, au juste ? La première fois, on observe pour s'amuser, apprendre de nouvelles positions, par goût du jeu aussi puisqu'on peut gagner une soirée libertine, pour lutter contre l'ennui sexuel, et par peur d'une possible séparation. L'idée vient le plus souvent de nous, on y emmène notre compagne pour l'exhiber, la surveiller un peu aussi. Après tout, dans un club échangiste, on peut choisir de rester collé à l'autre, ou de prendre du bon temps avec de nouveaux partenaires, avec le risque de perdre celui ou celle qui peut s'amouracher de quelqu'un d'autre.

La relation « légitime » en sera forcément modifiée. Au début de l'aventure échangiste, les femmes suivent leurs hommes pour les garder « à portée de vue », se rassurer sur leur propre sex-appeal et essayer l'amour avec une femme, ce qui plaît à leurs hommes. Ceux-ci apprécient moins de les voir en action avec un autre homme. Mais le cocon du club est rassurant, ainsi que l'avait affirmé un participant de l'émission Les Français, l'amour et le sexe[32] : « Dans une boîte de nuit, une fille va se faire toucher dix fois les fesses sans l'avoir demandé. Dans un club échangiste, si elle ne veut pas, personne ne la touchera. » Sexes et genres confondus, ils apprécient l'anonymat, à la fois protection contre la médisance et stimulant érotique. Beaucoup disent y chercher aussi des relations amicales « entre bons vivants ».

Quelles que soient nos et vos pratiques préférées, le plus important, comme en toute chose, est de se faire plaisir, puisque, nous le rappelons, le plaisir orgasmique brûle des calories, favorise le bon sommeil, abaisse la

32. Maria Roche Productions pour M6, 2010.

tension, protège le cœur, prévient certains types de cancer, repousse les signes de vieillissement, et rend plus insensible à la douleur, etc.

Préliminaires

En tant que prélude à la relation sexuelle, les préliminaires doivent s'effectuer dans le respect de l'autre, qui doit pouvoir désirer et se sentir désiré.

Si les préliminaires induisent l'éveil sexuel, il ne devrait pas y avoir de pudeur dans les multiples voies d'accès au plaisir. Mais ces manœuvres suscitent souvent tellement de gêne que les sensations recherchées en demeurent bloquées. Dommage pour ceux ou celles qui, pressé.e.s de conclure, n'accordent pas au temps du butinage toute sa valeur. De la montée de l'escalier jusqu'à la montée du plaisir, il y a des marches et des paliers à deviner, à respecter…

Ces préludes au plaisir d'amour ont ceci de formidable qu'ils représentent, en plus du temps des gestes, celui de l'échange : ces moments de communication, verbale ou muette, sont un véritable apprentissage dans la connaissance du corps de l'autre. Ils sont indispensables à sa préparation, car s'il faut quelques secondes aux hommes pour se sentir prêts, « *vingt minutes serait le "minimum syndical" de la durée des préliminaires pour avoir un maximum de plaisir.* » (Catherine Solano)

Patricia

Pour encore trop de femmes, vos préliminaires ne durent que le temps d'en épeler le mot. Que faites-vous de tout ce qui doit préluder à la pénétration ? Vous savez, ces trucs censés nous amener au summum du désir, juste avant que l'acte nous donne le plaisir ? Pour nous, les préliminaires commencent bien avant d'être l'un contre l'autre dans un lit ; de petits mots d'amour murmurés à l'oreille en sortant du restaurant nous enflamment parfois plus que le cunnilingus.

Nous ne sommes pas contre quelques parenthèses « à la hussarde », aujourd'hui devenues *quick fuck*, mais sachez aussi prendre le temps de mieux connaître notre corps. Avez-vous oublié ? Ou ne le saviez-vous pas ? Cet ouvrage devrait devenir votre livre de chevet pour vous indiquer la marche à suivre.

Sans ces préludes, la pénétration peut nous être pénible, quand notre organisme ne secrète pas assez de ce qui facilite la pénétration de votre pénis dans notre vagin, nous risquons de passer « à ça » d'une chance de plaisir partagé, et de vivre un moment très désagréable. Il existe des lubrifiants et hydratants efficaces, mais rien ne vaut votre douceur et vos phrases rassurantes. Il est donc préférable, pour vous comme pour nous, de ne pas zapper cette étape essentielle.

Et si, juste une fois, nous ne faisions que des préliminaires ? Cela nous mènerait au septième ciel, tandis que vous resteriez frustrés, comme nous lorsque vous nous privez de ces inventives et exquises caresses. Rappelez-vous que toute zone du corps humain est une zone érogène en puissance ! Régulièrement stimulées, les terminaisons nerveuses, même du plus petit orteil, se développent, s'affûtent, nous font frissonner de partout, et stimulent notre lubrification… Essayez ! Les préliminaires peuvent apporter beaucoup de bonheur, et peut-être que, fiers de nous avoir donné tant de plaisir, vous souhaiterez devenir peu à peu des experts en la matière…

Michel

« *Faire l'amour est tellement plus agréable quand on est amoureux. Cela donne aux femmes l'impression que les préliminaires durent plus longtemps, et aux hommes l'impression qu'ils passent plus vite.*[33] » (Frédéric Beigbeder)

« Nous ne sommes pas des lapins, dites-vous, les préliminaires, ça s'apprend ! » Soit. Mais quand on débute dans la carrière de French lover, les préliminaires nous font souvent peur. Ils représentent pour nous le risque de ne pas tenir la distance ; autrement dit, de jouir trop vite ou, au contraire, de ne pas tenir l'érection. Eh oui ! On pense à tout ça, quand l'expérience nous manque.

Ensuite, quand on prend de la bouteille, on sait que nous devons mériter votre corps en le réapprivoisant

33. Frédéric Beigbeder, *L'amour dure trois ans*, Grasset, 1997.

chaque fois par des effleurements, chastes puis plus audacieux. Petits baisers, chuchotements et douces caresses deviennent, pour nous aussi, la plus belle phase de l'amour. Du temps pour explorer, découvrir chaque fois les zones sensibles, celles qui font frissonner, s'abandonner à l'autre, se laisser porter... Et faire doucement monter la pression avant le bouquet final. L'amour en urgence, sans préméditation ni préliminaires... Hum... c'est sacrément bon aussi ! Le problème, c'est l'habitude et son corollaire : la baisse du désir de l'autre, et la baisse du désir de lui faire plaisir. Les préliminaires deviennent des souvenirs : ce qui était l'amour devient le coït machinal qui annonce la fin de notre sexualité de couple.

Pudeur

« *La pudeur sied bien à tout le monde ; mais il faut savoir la vaincre, et jamais la perdre.* » (Montesquieu)

Au gré des normes culturelles, religieuses, historiques, les corps se dénudent ou se vêtent selon des codes donnés. La pudeur est merveilleuse entre deux amants qui se connaissent à peine ; elle permet d'imaginer des voies sacrées pour découvrir le corps et les pensées de l'autre. Vécue comme un sentiment de honte à l'égard de son propre sexe ou du sexe opposé, elle devient néfaste et doit être questionnée, avec l'aide d'un professionnel si cette gêne est proche du dégoût. À la frontière entre l'une et l'autre, résident la délicatesse, la poésie, la confiance, et toutes choses subtiles qui circulent entre l'homme et la femme avant qu'ils ne relèguent la retenue aux oubliettes et ne se lâchent, de concert, le matin sous la couette ! La pudeur, c'est aussi parfois cacher ses impressions pour ne blesser personne.

En amour, la pudeur est une sorte d'innocence suscitant l'équivoque, et le trouble. La silhouette est-elle si importante dans l'intimité ? Peau contre peau, la question du poids est-elle source de gêne, de désagrément ? Est-on à ce point conditionné par une époque où toute disgrâce est condamnée, comme un possible tue-l'amour, un handicap à la séduction ? Heureusement, il y a des femmes qui aiment le côté gros nounours d'un poids lourd, et des hommes qui aiment caresser des formes généreuses ! On est toujours beau ou belle pour quelqu'un.

Patricia

Offerte ou glorieuse, votre nudité vous embarrasse moins que la nôtre. En revanche, la cape de pudeur dont vous recouvrez vos sentiments est pour nous autrement plus gênante. Déshabillez-vous donc le cœur ! Nous n'attendons pas de l'exhibition, seulement que vous nous disiez ce que vous ressentez. Quant à votre corps, nu ou vêtu, soignez-le, c'est tout ce qu'on attend. Au cours de notre vie, nous nous soumettons – tant bien que mal – à plus de dix modes successives ! Notre morphologie n'étant pas transformable à volonté, nous ne pouvons espérer être « aux normes » qu'une ou deux fois. Entre-temps, honteuses de n'arborer qu'un 85 A, lorsque la fille de la publicité vous allume d'un 95 C, certaines d'entre nous trichent à l'aide de sous-vêtements moulants, modelants, préformés, etc. À l'heure du coucher, c'est en grande pudeur que nous nous dévêtons. Dans les années cinquante, toute une génération de femmes, qui avait pour modèle Marilyn la généreuse, se trouva fort dépourvue lorsque, dix ans plus tard, la brindille Twiggy les incita à se faufiler dans un petit 34. Avant que les années quatre-vingt ne réhabilitent les pulpeuses. Aujourd'hui, heureusement, les jeunes femmes rondes sont plus présentes dans les magazines et sur les podiums, et les « retouches photo » se font plus rares.

Alors, à l’instant si redouté de nous dévêtir, parlez-nous de nous, de ce que nous vous inspirons. Et à notre question : « Est-ce que tu ne trouves pas que j’ai un peu grossi ? », apprenez par cœur la bonne réponse : « Depuis que je te connais, il y a eu des périodes où tu étais plus mince, et d’autres où tu étais plus ronde, mais je n’ai pas souvenir d’une période où je ne t’ai pas désirée. » Cette réponse tendre nous fera rougir de bonheur, et notre pudeur se fera légère.

Michel

« *Et ne voyais-tu pas, dans mes emportements,*
que mon cœur démentait ma bouche à tous moments ? »
(Jean Racine)

Très pudiques, nous avons du mal à vous dire « Je t’aime ». Mais le jour où l’on ose enfin se lancer, soyez sûres que c’est du solide !

Conseil : méfiez-vous des italo-barbares chantant : « Mamma mia ! Ma qué tou é bellissima », en agitant les mains en direction de vos fesses. Pas d’indulgence non plus envers le mâle qui se déclare avant de savoir votre prénom : fuyez aussitôt ! Quant à la pudeur physique, c’est peut-être une des choses que nous partageons le mieux, et qui demande beaucoup de vigilance si nous voulons que notre idylle dure. Rien à signaler ??

Plus chanceux que le nôtre – affublé des « grelots qui ne sonnent pas l'angélus », et de l'inesthétique accessoire de sourcier –, votre corps garde secrète votre intimité. Puisque nous apprécions le charme de votre discrétion, évitez de laisser aux toilettes les « monnaies sur le comptoir » et d'en sortir avec à la main le sachet de votre période lunaire. En sortant du bain, ne marchez pas nue dans le salon. Laissez juste le décolleté de votre peignoir un peu entrouvert… si vous avez envie de vous retrouver nue rapidement !

Le poids n'est pas notre obsession. Quoique… Le syndrome du boulanger, qui nous guette après l'arrêt du tabac, nous inquiète tout de même quand la brioche tombe sur la baguette. Les abdos une fois par semaine et le petit footing le dimanche matin n'y font rien : on a trois mois de grossesse. Mais ne nous parlez pas de régime. Vous, ça fait des années que vous faites le yo-yo avec les derniers trucs à la mode. Nous, le simple fait de ne pas boire une bière devant la télé nous rend nerveux. Mais reconnaissez qu'on se défend plutôt bien aux fourneaux…

Pourtant, on a quand même besoin de vous ! Vous seules préparez pour nous des petits plats diététiques ; vous seules évitez de nous culpabiliser, et vous retenez de parler, au lieu de nous assener : « Tu m'écrases ! » quand on est sur vous, et que vous ne pouvez plus respirer.

Règles

« *Une femme qui saigne est quelque chose de dangereux dans les sociétés traditionnelles. Donc le sang des règles va être profondément condamné et d'une certaine façon, c'est un danger de mort. Les hommes ne doivent pas l'approcher et elle ne doit pas approcher les hommes.* » (Dr Philippe Brenot[34])

Entre autres croyances ancestrales, la femme enceinte, donc fertile, est généralement respectée. Au contraire, la femme qui saigne n'a pas été fécondée, elle est donc impure. Dès leur plus jeune âge, filles et garçons devraient apprendre à respecter ce flux menstruel, puisque c'est grâce à lui que survit l'humanité. Pourtant, les règles ont été longtemps, et sont encore pour beaucoup, un sujet ambivalent : le sang des menstruations est considéré depuis la nuit des temps comme impur par de nombreux hommes parlant des femmes. Les serviettes et tampons hygiéniques ne sont évoqués dans les publicités que depuis très peu de temps, et le sang y est soit absent, soit étonnamment bleu ! D'ailleurs, certains publicitaires se font taper sur les doigts pour

34. Philippe Brenot et Laetitia Coryn, *The Story of Sex*, Les Arènes BD, 2016.

avoir montré une fleur rouge symbolisant la vulve. Et ne parlons pas du dégoût affiché pour les cups, petits réservoirs adoptés par les toutes jeunes femmes dont elles vident le contenu plusieurs fois par jour. L'on parle peu des règles aux petites filles, et nombre d'entre elles découvrent un jour, avec terreur, leur culotte tachée. Les traditions, tout comme les superstitions, ont de tout temps relégué cet événement mensuel au rang de souillure, dont les hommes devaient s'éloigner pour ne pas subir ses pouvoirs maléfiques, capables entre autres de rendre les femmes maladroites, destructrices, supposées faire tourner la mayonnaise et la crème anglaise, gâter le vin et la viande, dérégler les boussoles, etc.

Les menstruations sont une horloge interne exclusivement féminine, signe de bonne santé, de normalité, de féminité, et de capacité à la fécondité. Sur le plan biologique, elles n'empêchent pas le désir ni l'orgasme, tout au plus la petite baisse d'énergie qui accompagne ces moments peut donner envie d'être cajolée, relaxée, un peu plus passive dans la relation sexuelle, en tout cas réconfortée.

Patricia

Les règles sont une vraie source de gêne, d'inconfort et de douleurs, violentes pour les malheureuses qui souffrent d'endométriose, et incommodantes pour toutes : celles qui participent aux compétitions sportives, celles qui assurent le spectacle sur scène, et celles qui doivent pondre un rapport de quarante-trois pages, avant d'aller chercher les enfants à l'école. C'est précisément pour tous ces inconvénients que nous subissons chaque mois que vous devriez nous respecter !

Ce n'est pas le moment du mois que l'on préfère, mais depuis l'adolescence, nous avons appris à faire avec. Elles nous encombrent lorsque nous avons quand même envie de vous ! Pourtant, la peur de vous dégoûter nous rend moins à l'aise avec notre corps ; certaines d'entre nous deviennent même un peu irritables (j'ai dit un peu !), et gênées par les traînées sanguinolentes que nous laissons sur les draps…

Et puis, ça n'est pas un scoop : depuis de nombreuses générations, lorsque votre désir se fait trop pressant, et que ce flux sanglant vous rebute, c'est encore le meilleur moyen d'avoir la paix une semaine par mois (certaines astucieuses parviennent même à faire traîner les choses pendant dix jours !). Cependant, nous tenons à ce rituel mensuel : il nous assure de notre féminité, de notre capacité à devenir mère ; il nous rassure aussi sur le fait de l'avoir échappé belle après avoir oublié de prendre la pilule il y a trois semaines… Certaines pratiquent même, après la ménopause, un arrêt de traitement hormonal tous les vingt-huit jours, pour prolonger ce flux qui les rassure. D'autres, au contraire, accueillent la ménopause avec le soulagement que procure le sentiment du devoir accompli, et la fin des maux de ventre, et des stocks de tampons à prévoir. Alors, si en plus, comme vous nous le répétez à loisir, ça ne vous dérange pas… Et puisque vous voulez vraiment savoir pourquoi nous sommes parfois un peu irritables pendant cette période : c'est parce que !

Michel

Vaste sujet qui nous divise (sur le plan sexuel, bien sûr) en plusieurs catégories : les pour, les contre, et les je-m'en-foutistes.

En effet, certains hommes sont plutôt excités par cette période durant laquelle vous n'êtes pas la même, souvent gênée, mais aussi parfois, paraît-il, en proie à une libido exacerbée. D'autres sont prêts à ne pas dormir dans votre lit de peur de se souiller. Le dégoût du sang peut-être. La catégorie des je-m'en-foutistes serait plutôt de bonne composition, avec une pointe d'égoïsme. Pour eux, quand on a envie de faire l'amour, tampon ou pas, ce n'est pas la question !

Pourtant, certains arguments pourraient nous inciter à nous serrer la ceinture dans cette période. Quel pénis, se retrouvant un jour face à un corps étranger ayant pris sa place dans un lieu qui lui est réservé, donc contraint de le repousser à coups de boutoir, sans se blesser ni s'irriter, accepterait de buter une seconde fois contre un morceau de tampon ! Après tout, si c'est ça ou la ceinture de chasteté ! Mais bon sang (!), on vous entend d'ici, mesdames qui aimeriez bien savoir si nous sommes conscients que ça n'est pas une période très agréable pour vous. Oui, nous en prenons la mesure, et surtout les jours qui précèdent ! Mais nous ne notons pas sur l'agenda les jours où nous devons faire profil bas. Alors, pour éviter le conflit, les larmes pour un mot anodin, et même si vous admettez difficilement que pendant cette période vos hormones vous dominent, vous n'avez qu'à le dire, nous prévenir. Vous verrez que nous saurons nous adapter !

Rupture

En France, environ un mariage sur deux se termine par un divorce, et seulement un sur cent se reconstitue ultérieurement. Cette statistique met en évidence le caractère quasi irréversible de la rupture. Jusqu'au siècle dernier, on s'engageait à vivre ensemble pour une vingtaine d'années. Depuis les années cinquante, l'espérance de vie s'allongeant, c'est pour soixante, soixante-dix, voire quatre-vingts années que les couples doivent s'engager « pour le meilleur et pour le pire ». Ce qui est très présomptueux, convenons-en.

C'est souvent dans le tourbillon d'une crise que des époux se séparent. Il arrive ensuite que, déçus par une solitude mal vécue, ou frustrés dans leur nouveau couple, certains envisagent les événements sous un autre angle, et regrettent leur brutale décision d'autrefois, notamment quand leurs enfants en subissent les effets. Quand on croit l'autre responsable de cette débâcle, on dispose de ressources insoupçonnables. Dans ce domaine, hommes et femmes sont sur un plan d'égalité, et les châtiments sont plus ou moins raffinés pour « lui faire payer ça ». Le traumatisme provoqué par cette épreuve est très douloureux à surmonter, même si l'on parvient à la gérer sans violence. Les neurosciences nous apprennent que le cerveau réagit, à la perte de ce qui nous unissait à l'autre, comme celui d'un drogué en manque. Il libère les hormones du stress, dont le cortisol qui, en provoquant l'afflux sanguin dans nos muscles, entraîne les contractures, céphalées et vertiges qui nous épuisent. En se mettant en veille, notre cortex préfrontal abaisse notre aptitude à raisonner et à mettre en perspective, tandis que l'ocytocine et la dopamine stimulent l'état de manque qui nous pousse à supplier l'autre.

Il faudra beaucoup de temps pour accepter l'échec du projet de vie ; c'est un véritable deuil que l'on doit faire avant d'envisager une reconstruction.

Patricia

Dans la majorité des cas, c'est nous qui engageons la procédure, tout en espérant jusqu'au dernier moment pouvoir l'éviter. Parfois, la pression économique, culturelle, amicale, ou familiale est si forte que nous renonçons. Nous comptons sur l'effet électrochoc du mot « divorce » pour vous faire réaliser que nos avertissements n'étaient pas des sautes d'humeur, mais les manifestations d'une longue souffrance. Nous avons le sentiment que toutes ces années de vie commune ont été un immense malentendu.

Nous refermons la porte sur l'homme que nous avons passionnément aimé, mais que nous ne reconnaissons plus. Ensuite, nous tentons d'apprivoiser la solitude, et son cortège de frustrations, car tout nous semble préférable à cette coexistence ratée. Nos rêves de jeunes filles ne sont plus au rendez-vous. Dans le meilleur des cas, le divorce se fait par consentement mutuel, mais à quoi avons-nous réellement consenti ? À partir sans un sou, puisque nous avions cessé de travailler pour élever nos enfants ? À vous ruiner en exigeant une pension alimentaire phénoménale, parce que nous n'acceptons pas l'idée que vous alliez vous installer dans notre maison avec une autre ? À ne plus voir nos enfants qu'une semaine sur deux, ce que nous vivons comme un arrachement ? Non. Nous n'avons pas consenti aux humiliations devant l'avocat, ni à la séparation d'avec votre famille, à laquelle nous étions très attachées. Nous n'avons pas consenti non plus à perdre ceux que nous croyions être des amis que nous pensions communs, mais qui ne sont finalement que les vôtres.

Parfois, nous partons pour un autre que vous, mais ne vous méprenez pas ; le deuil de notre vie d'avant reste à faire. Nous désengager d'avec vous nous donne le sentiment d'avoir raté une grande partie de notre vie, cela nous emplit de chagrin. Le choc est si violent qu'il nous faudra ensuite beaucoup de temps pour cicatriser.

Il semble que les plus jeunes, pour la plupart, aient une vision beaucoup plus pragmatique de la vie à deux ; elles adhèrent à l'idée d'avoir possiblement plusieurs grandes histoires d'amour dans leur vie. Pourtant, c'est en toute espérance qu'elles choisissent un compagnon, puis qu'elles l'épousent – ou pas – pour être le père de leurs enfants. Et c'est en toute lucidité qu'elles imaginent déjà la suite de leur vie avec un autre, voire des autres… Mais elles se mettent, comme leurs aïeules, en quête de la robe blanche de leurs rêves, avec des étoiles dans les yeux, avec, comme leurs mères et grands-mères, le même espoir que « ça durera toujours ».

Michel

Mais si ! On en souffre autant que vous ! C'est l'une des pires épreuves que nous puissions vivre. Le divorce, c'est l'échec absolu, quelle qu'en soit la cause, et qui qu'en soit le fautif : nous, vous, adultère, ou non ! C'est le mot fin pour notre film. La souffrance : la vôtre, la nôtre. Parfois, cette souffrance extrême nous entraîne vers un sentiment de haine. Mutuellement, nous nous faisons payer très cher cette issue que nous n'avions pas imaginée.

Il y a du pathétique dans ces couples qui se déchirent, qui oublient les mots tendres qu'ils se sont adressés, les moments de bonheur qu'ils ont partagés, leur complicité, leur envie d'être deux. Tout cela n'aurait donc jamais existé ? Ce bonheur aurait-il été feint ? Ou bien sommes-nous amnésiques ? Nous oublions vite les moments heureux, sauf quand ils nous reviennent en pleine figure pour nous rappeler que ce divorce est un vrai gâchis. Nous détestons rompre un contrat que nous avons signé, et nous détestons plus encore détruire ce que nous avons édifié. Mais, pour vous venger de la souffrance que, semble-t-il, nous vous infligeons, vous faites preuve d'un raffinement si cruel dans l'art du mensonge que nous souffrons aussi.

Secret et mensonge

« *L'un des mensonges les plus fructueux, les plus intéressants qui soient, et l'un des plus faciles en outre, est celui qui consiste à faire croire à quelqu'un qui vous ment qu'on le croit.* » (Sacha Guitry)

L'éducation est pour beaucoup dans la manière dont on appréhende le mensonge et ses conséquences. En cas de mensonge, la punition, la prise de risques, le sentiment de toute-puissance ou la culpabilité habitent chaque personne depuis l'enfance. Bien sûr, une vie de couple est jalonnée de petits mensonges par omission, d'occupations secrètes que l'on cultive pour avoir le sentiment d'être libres ou pour embellir le quotidien. Ce ne sont pas des mensonges, mais des petits morceaux de pensées que l'on rend invisibles.

Chacun.e a besoin de moments de liberté et de lieux d'intimité, à un degré plus ou moins vital. Celui ou celle qui ne conçoit rien en dehors de « la liberté à deux » a du mal à comprendre l'envie bien innocente que l'autre a de conserver quelque chose à soi, un temps pour cultiver ses plates-bandes personnelles, à l'abri des regards et des opinions d'autrui. En effet, aussi cher et bienveillant soit cet autrui, il deviendrait, là, un intrus. Pour visiter ce jardin secret, il faut y être invité, se déchausser avant d'entrer, ne pas fouiller, ne poser aucune question, et ne rien dire en repartant.

Cette liberté de pensée n'a nul besoin d'être justifiée, sauf par pur souci de transparence si la conséquence est la souffrance infligée à l'autre. Mais attention ! Le mensonge à haute dose, pathologique, du mythomane qui affabule avec une force de conviction époustouflante pour mieux séduire, risque fort de faire exploser un couple pour cause de trahison du contrat de confiance.

Patricia

« *Il n'est point de secret que le temps ne révèle.* »
(Jean Racine)

Vous avez tendance à vous empêtrer dans vos contradictions avec une maladresse qui serait parfois touchante, si elle ne nous blessait dans ce que nous considérons comme infiniment précieux : la confiance. « Mentez-nous une fois : honte à vous, deux fois : honte à nous. » Cette adaptation d'un proverbe chinois traduit bien notre regret de ne pas avoir su vous faire comprendre à quel point vos mensonges nous faisaient souffrir. Dites-nous ce que vous faites, et faites ce que vous dites, voilà ce qui devrait être la règle de base de nos relations.

Pour nos propres mensonges, vous n'avez aucune raison d'en souffrir, puisque vous ne les avez pas décelés… D'ailleurs, est-ce mentir que de vous cacher quelques-unes de nos activités, dépenses, pensées, etc. ? Non. C'est renoncer à vous faire partager ce que vous ne comprendriez pas, mais vous inquiéterait inutilement. Notre copine Julie vous exaspère ; que nous puissions être attachées à elle nous rabaisse un peu à vos yeux. Comment justifier une amitié ? Pourquoi se lancer dans une argumentation sans fin avec vous ? Elle nous amuse et nous émeut ; au nom de quoi nous priverions-nous de sa compagnie ? Nous la rencontrons pour déjeuner, et vous n'en savez rien. De même que vous ne saurez pas que ce foulard griffé en soie, dont on vous dit qu'on l'a acheté en soldes il y a longtemps, est le cadeau d'un ancien fiancé ; c'est plus la mémoire de notre jeunesse que le souvenir du fiancé que nous glissons dans notre col. Rien de tout cela n'est vraiment grave, et nous gardons ainsi l'impression enfantine de grappiller dans le pot de confiture caché en haut de l'armoire. Quant à ce que nous vous avions « vendu » comme étant un dîner avec notre copine Françoise…

Michel

« *Dès lors qu'on a une vie intérieure, on mène déjà une double vie.* » (Pierre Assouline)

Mensonge, un mot un peu fort, tout de même ! Parce qu'on ne peut pas vraiment dire que nous mentons, ou alors c'est involontaire, enfin… pas toujours ! S'il nous arrive de ne pas dire la « vérité vraie », c'est qu'on s'en souvient mal. C'est surtout parce qu'on a tout simplement peur de votre jugement, de vos reproches, du bruit que ça fait.

Si nous vous révélons l'existence d'un jardin secret dans lequel nous mettons quelques petites choses que nous ne voulons pas forcément partager avec vous, n'y voyez pas le mal. Alors, n'y mettez pas non plus le prénom d'une femme, ne pensez pas que nous voulons vous cacher quelque chose ni quelqu'un. Avant de vous rencontrer, nous avons eu une vie, connu d'autres personnes, des femmes et des hommes, avec qui nous avons parfois maintenu des relations. Des personnes que nous n'avons pas forcément envie de vous faire rencontrer, pour des raisons compliquées à expliquer. Alors on omet, on oublie, on travestit un peu les faits. Le problème, c'est que vous ne nous laissez pas le temps de terminer la phrase qu'on avait préparée à votre intention : après le second mot, vous nous avez déjà cernés.

Les hommes n'ont pas tous l'art et la manière du mensonge ! Comme le dit cette expression populaire : « On n'a pas levé le pied que vous nous voyez déjà la semelle. » De surcroît, on a tendance à vous croire sans hésiter, avec une confiance aveugle. Cela explique que, lorsque vous nous quittez pour un autre, on s'en relève difficilement !

Alors, même si nous vous mentons un peu (décidément, le mot est fort !), gardez-nous votre confiance.

Sexe

« *Les hommes portent leur cœur dans leur sexe, les femmes portent leur sexe dans leur cœur*[35]. » (Malcolm de Chazal)

L'homme et la femme : deux êtres sexués, dissemblables, chacun ayant sa manière propre de plonger dans l'érotisme, de s'y exciter, et de s'y satisfaire. Ces différences, ces dissonances et cette incompréhensible attirance donnent au jeu sexuel toute sa dynamique. En déferlant sur des existences trop rangées, le mouvement et le désordre scellent l'acceptation de l'impromptu, de l'aléatoire, donc de la vie.

L'hétérosexualité masculine a longtemps été encouragée, célébrée et ritualisée, par exemple en faisant déniaiser les jeunes garçons au bordel, pour inciter leurs pulsions à suivre les jupons. Encore récemment, ne pas avoir de sexualité du tout était réprimé moins que l'homosexualité masculine, lourdement punie. L'homosexualité féminine était évoquée avec amusement. Dans ce même temps, c'était leur virginité qui donnait aux jeunes filles l'accès au « bon » mariage. La plupart des autres, les « filles perdues », devenaient servantes au couvent, « vieilles filles » ou prostituées.

35. Malcolm de Chazal, *Sens plastique*, Gallimard, 1948.

Le sexe est avant tout une pulsion, qui se déchaîne surtout quand la vie est menacée, en temps de guerre, de famine, ou d'épidémie ; c'est une fonction hautement respectable, sans laquelle il n'y aurait eu ni auteurs ni lecteurs pour ce livre.

Après avoir longtemps contrôlé la sexualité, la médecine a dû affronter la révolution que fut la contraception, et s'adapter à ce que les hommes ont pris pour de la toute-puissance féminine sur la natalité, en dissociant sexe et procréation. En prenant désormais en charge plus spécifiquement la santé sexuelle, la médecine soulage les maux des organes sexuels (endométriose, entre autres), et les restaure : clitoris excisés, grandes et petites lèvres abîmées par l'épisiotomie, implants péniens en cas d'absence d'érection, ou de micropénis. Plus encore, la médecine intervient de façon concrète sur la réassignation sexuelle, masculine et féminine.

Cependant, n'étant pas réduite à cette seule fonction, chaque personne peut « tenir » longtemps sans faire l'amour, puisque l'abstinence n'est dangereuse ni pour les hommes ni pour les femmes. Pour le couple en revanche, on peut et on doit s'interroger : est-ce une simple période de creux ? ou une fin sans rémission ?

Patricia

« *On ne naît pas femme, on le devient* », assurait Simone de Beauvoir.

Mais on devient quoi ? Le deuxième sexe… le sexe faible ? Ce concept associe la femme à l'idée d'infériorité, parce qu'il en a été ainsi pendant des millénaires, en tout cas dans tous les groupes humains fonctionnant sous un modèle patriarcal. Il arrive encore trop souvent que la naissance d'une fille soit vécue comme une déception, voire une calamité, une punition divine dans certains pays. Comment pouvons-nous être fières d'un sexe que certains font passer pour sale, laid, porteur de malédictions ? Reconnaissons que, malgré le chemin parcouru depuis 1914, quand nos aïeules ont remplacé les hommes dans leurs métiers, seule une minorité d'entre nous a franchi les étapes permettant de se sentir appartenir à un sexe respectable. Nos espoirs se portent sur les générations à venir, mais nous savons, par expérience et connaissance du passé, comment fonctionne le balancier de l'Histoire, avec ses régressions incessantes. Aujourd'hui, même le droit à l'IVG est remis en question ! La force physique a longtemps prévalu sur notre capacité à procréer, et notre sexe demeure l'autel de toutes les violences.

Alors, pardonnez notre maladresse lorsqu'il nous faut batailler pour vous faire reconnaître – à vous, qui n'y êtes pas pour grand-chose – l'injustice qui continue à nous accabler. Puisque vous nous aimez, faites votre possible pour que s'atténue le poids des petites humiliations quotidiennes ! Quelques hommes qui ont accepté de se déguiser pour passer une journée dans notre peau en sont revenus indignés, choqués par les regards, les injonctions, et les attitudes menaçantes des hommes à leur égard ! Ils étaient cependant dépourvus de vagin…

Michel

Pour les égoïstes obsédés que nous sommes, nous pensons « à ça » en moyenne toutes les vingt-huit minutes ! Ce qui nous importe est de savoir quand ce sera possible ; or votre corps est soumis à un cycle menstruel. Au milieu de ce cycle, le quatorzième jour, se produit l'ovulation. La période qui précède et celle qui suit cet événement ont chacune sa particularité. En début de cycle, les œstrogènes et la testostérone, qui montent en puissance, boostent la bonne humeur, la disponibilité, et la capacité à lâcher prise. Vous vous sentez sexy, confiantes, et votre libido est au beau fixe. Là, on peut ! Mais, juste après, la production de progestérone vous perturbe et vous fatigue jusqu'à la fin du cycle. Alors… on fait quoi, dans la période « non » ?

Quelques conseils aux jeunes garçons : on observe et on constate que le désir féminin n'est pas centré, comme le nôtre, sur la zone sexuelle ; il dépend de la capacité d'une femme à se sentir bien, entourée, et surtout libre de dire non. Donc, on ne harcèle pas !

On leur laisse un Post-it tendre sur la porte du frigo, on place des fleurs dans le vase avant leur arrivée, et on pratique le « toucher neutre ». C'est-à-dire exactement ce qu'on ne sait pas faire, ce à quoi on ne pense jamais : prendre la main, caresser la nuque, poser un baiser à l'intérieur du bras, tout ça gentiment pour créer un peu d'intimité émotionnelle. Pas plus ! C'est la répartition particulière de son énergie sexuelle qui fait le reste… Vous ne regretterez pas d'agir en gentleman !

Solitude

« *Ils ont peur de se perdre et se perdent pourtant, et l'autre reste là, le meilleur ou le pire, le doux ou le sévère, cela n'importe pas, celui des deux qui reste se retrouve en enfer*[36]… » (Jacques Brel)

Choisie comme mode de vie, elle n'est – apparemment – pas un problème insurmontable. On mène une vie bien organisée, on sort peu, on connaît quelques difficultés à communiquer, dont on ne se rend pas toujours compte. Handicapé de l'affect, mystique, déçu, aigri ou créateur (pour les chanceux), on souhaite cet isolement pour recréer une vie, se débarrasser du regard des autres, se recentrer, et parfois pour cesser d'être seulement la partie d'un couple, et redevenir une personne à part entière. Certains ont décidé de ne pas subir cet état qui leur était imposé par une séparation ou autres accidents de la vie, mais d'en tirer profit par des voyages, de nouvelles rencontres amicales, et en réinvestissant la famille.

Le plus souvent subie, la solitude est beaucoup plus difficile à supporter, tant sur le plan affectif que social, surtout si elle survient après le deuil de l'être aimé, quel que soit l'âge de celui ou celle qui se sent perdu.e dans

36. Jacques Brel, « Les vieux ».

ce monde désormais sans intérêt. Toutes les personnes en proie à la solitude ne vivent pas nécessairement seules ; certaines s'y résignent et se renferment, malgré la présence de l'autre qui ne communique plus. D'autres tentent de s'étourdir, en recherchant constamment des distractions,de la compagnie, et continuent à se sentir seul.e.s, même au milieu d'une foule d'« amis ».

Les réseaux sociaux sont une gigantesque usine à fabriquer de l'anxiété : la vie en rose exhibée sur la toile est anxiogène et culpabilisante : pourquoi eux et pas moi ? Parce que je ne le vaux pas bien ! La solitude a des effets délétères sur les jeunes cerveaux, qui se construisent en interaction avec l'environnement direct : enseignants, famille, amis, et se densifient par les relations avec les autres, en direct, pas d'un écran à l'autre ! En présence les uns des autres, on stimule le langage, l'écoute, l'adaptation, la politesse, etc. L'écran est un outil d'information, pas un espace-temps de partages stériles qui font douter de soi.

La solitude ressentie reste une souffrance, celle de ne pas être aimé.e, de ne pas aimer, de se sentir emprisonné.e dans un carcan, incapable de s'en sortir… Lorsque le sentiment de solitude et d'abandon se transforme en désespoir, puis en dépression, l'aide d'un professionnel permet souvent d'aller chercher au fond de soi les ressources pour affronter ce moment, passager ou définitif, et apprendre à se resocialiser.

Patricia

« *Je voudrais que quelqu'un m'attende quelque part*[37]. » (Anna Gavalda)

Quelle disproportion entre nous et vous ! Le nombre de femmes qui vivent seules désormais est impressionnant, car notre espérance de vie est plus longue que la vôtre (En France, en 2018, notre espérance de vie était de 85,4 ans, contre 79,5 ans pour vous.)

Nous avons beau faire les bravaches, la solitude nous est très pénible ; nous en avons peur, et cette situation est rarement choisie. Cette triste perspective ne nous empêche pourtant pas de mettre fin à une relation qui générait de la souffrance et une solitude déjà insupportable au sein du couple.

Si un temps de solitude nous aide à trier ce qui est important, point trop n'en faut. Ce qui manque le plus est sans doute le partage. Quels que soient la lumière, la douceur, les sons et les parfums de l'aube, nous avons l'impression de n'en percevoir qu'une partie si vous n'êtes plus à nos côtés.

L'âge auquel survient cet épisode est important. Vers 30 ans, il nous inquiète sur notre capacité à créer un couple et à devenir mères, vers 45 ans, nous avons le sentiment que jamais plus nous ne pourrons reconstruire notre vie amoureuse. À plus de 60 ans, nous avons la

37. Anna Gavalda, *Je voudrais que quelqu'un m'attende quelque part*, Le Dilettante, 1999.

certitude que notre vie sera désormais un long couloir sombre et froid. Alors, nous nous jetons à corps et cœur perdus dans la quête sur le Net, direction l'amour algorithmique. Là, on découvre qu'en collectionnant facilement les likes, surtout indésirables, nous prenons de vrais risques. Les sites de rencontre sont un miroir aux alouettes qui nous donne, un temps, le sentiment d'être à nouveau vivantes, mais nos recherches débouchent rarement sur l'image idéalisée que nous nous faisions du prince charmant.

Il arrive cependant que le miracle se produise ! Alors, à tout âge, nous redevenons une adolescente qui frémit quand elle croise le regard de celui qui, grâce à son amour tout neuf, va lui redonner une pulsion de vie qu'elle n'osait plus espérer.

Michel

« *La solitude, c'est l'impossibilité de vivre seul.* »
(Jean Yanne)

La solitude est une belle rampe de lancement pour tout un tas de problèmes de santé. En bousillant les défenses immunitaires et augmentant l'inflammation, l'isolement social majore le diabète, les maladies cardiaques, l'arthrite, etc. En boostant la dépression, la solitude entraîne des troubles du sommeil et de l'attention, ainsi que de l'anxiété.

Sur un plan plus personnel, vous l'avez remarqué, Mesdames : avec notre cohorte de copains, nous ne nous sentons pas vraiment seuls. La solitude, nous la découvrons quand c'est vous qui nous quittez. De nouveau célibataires, après une séparation ou un divorce, nous réalisons véritablement ce que signifie être seul. Sans vous, surtout !

Car les copains, qui viennent à la rescousse sur un simple coup de fil quand on flanche un peu (rien de prévu, mais surtout pas envie de se retrouver seul devant un jambon-coquillettes) sont toujours là au début, mais beaucoup d'entre eux ont une vie de famille ; à l'heure où nous quittons le travail, ils ont déjà rejoint femme et enfants. C'est vers 20 h 30, lorsque seul le message d'accueil préenregistré répond à nos appels téléphoniques, que la solitude devient pesante. Nous ne sommes pas comme vous, qui après une journée au bureau, une partie de la soirée passée à surveiller les devoirs et faire dîner les enfants, n'aspirez qu'à vous retrouver seule dans un fauteuil pour lire tranquillement.

Sperme

Au même titre que la salive ou les larmes, il contient des vitamines, des protéines, des acides aminés, des minéraux, de l'eau… donc aucun élément dangereux pour la santé lorsqu'il est ingéré, sauf en cas d'infection, car les sécrétions du corps peuvent transmettre les maladies infectieuses.

Les 2 à 7 ml de sperme émis à chaque éjaculation contiennent entre 100 millions et 500 millions de spermatozoïdes porteurs de vie. Lorsqu'elle vient à manquer, ou à ne plus transporter les millions de vies promises, cette précieuse substance peut être généreusement partagée par des donneurs anonymes, avant d'être congelée pour, ensuite, féconder des ovules in vitro, dans le cadre d'une procréation médicalement assistée (PMA).

Les chromosomes que contiennent les spermatozoïdes déterminent le sexe du bébé à naître. Et le spermatozoïde qui gagnera la course sauvage contre ses congénères fécondera l'ovule. Les testicules doivent donc être manipulés avec précaution, puisqu'ils servent d'usine à la fabrication du sperme. Les hommes doivent veiller à maintenir leurs bijoux à une température un peu inférieure à celle du corps, qui est de 37 °C. En effet, la spermatogénèse s'effectuant idéalement à 35 °C, ce n'est pas par hasard que les testicules sont positionnés à l'extérieur… Donc, pour que ces glandes puissent jouir de leur liberté de mouvement, il convient d'éviter les pantalons serrés.

Patricia

Dans votre imaginaire, ce liquide plein de promesses pour l'humanité devrait être une source d'émerveillement et de délectation pour les femmes, puisque ce serait bon pour la peau, les cheveux, la santé, le moral, etc. Sachez que notre réalité est tout autre. Le sperme dégoûte bon nombre d'entre nous, tandis qu'il en indiffère une autre partie. Bien sûr, vous avez connu des femmes qui… des amantes que… et peut-être certaines étaient-elles sincèrement amoureuses donc gourmandes de vos liqueurs. Mais les autres ? En vous avalant, peut-être voulaient-elles vous convaincre que vous pourriez tout leur demander, en étant certains d'être exaucés ? Pour d'autres, ce n'était qu'une concession à votre plaisir. Enfin, quelques-unes avouent que le contact du sperme dans leur bouche les fait frissonner de bonheur.

Pour vous convaincre du manque d'appétit général que votre sperme entraîne, imaginez un seul instant que vous soyez contraint d'ingurgiter cette substance qui, pourtant, sort de votre corps. Tiens, d'ailleurs, c'est une idée ! La prochaine fois…

On vit un drôle de paradoxe : alors que l'information n'a jamais autant circulé librement, on constate, affolés, le très bas niveau de connaissance des adolescents sur la sexualité, imprégné.e.s qu'ils sont des fausses idées véhiculées par les réseaux sociaux. Pour preuve, de trop nombreuses filles sont persuadées qu'elles ne peuvent pas tomber enceintes au premier rapport, et qu'un simple retrait empêche la fécondation. Elles autorisent donc leurs amoureux à faire l'impasse sur le préservatif, oubliant qu'il les protège aussi des MST. Quant au mode d'emploi, ce n'est pas dans l'urgence, à « ça » de l'éjaculation, qu'il faut l'enfiler, car une infime goutte de liquide séminal, même à l'entrée du vagin, peut entraîner une fécondation.

Michel

La première fois que nous faisons connaissance avec notre sperme, après un premier rêve humide, on n'est pas fiers. D'abord, on ne comprend pas toujours ce que c'est, ce truc dans notre slip. On se souvient bien qu'on a rêvé de choses cochonnes, mais ça n'était pas la première fois ; alors que là… et puis ça colle, ça sent un peu le poisson. Le slip en question, on n'ose pas le mettre dans le bac à linge sale familial, évidemment, alors la première fois, on le jette ! Par la suite, quand on apprend que cette petite giclée peut profiter à des femmes et des hommes qui ne peuvent avoir d'enfants ensemble, pensez si l'on est fiers ! D'ailleurs, au lieu de nous soupçonner de tromperie, vous devriez applaudir notre générosité, d'autant qu'on ne comptabilisait en 2015 que 255 donneurs pour 3 000 couples en attente.

Ceux qui rêvent d'avoir des enfants doivent savoir que la pratique sportive améliore directement (circulation sanguine, stimulation musculaire) ou indirectement (réduction de l'IMC) la qualité et le nombre de leurs spermatozoïdes.

Enfin, si cette émanation de nous-mêmes n'est sûrement pas ce que vous préférez, elle mérite cependant d'être comparée, sur le plan gustatif et nutritionnel, à du caviar. Retenez aussi que, d'après de récentes études, la spermidine (présente dans le sperme, les légumineuses, fromages, champignons, etc.) serait capable de ralentir le vieillissement cellulaire de nos organes, y compris le cerveau, et favoriser la repousse des cheveux ! On ne fait plus la grimace, là ! Ça donne envie d'en reprendre…

Tendresse

« *La tendresse sauve tout quand l'amour a mis les bouts.* » (Pierre Perret)

La douceur, l'apaisement, le sentiment d'être enveloppé dans un espace douillet et rassurant où l'on se sent redevenir enfant… Chacun recèle une dose de tendresse à offrir. Discrète ou débordante, c'est elle qui, patiemment, tisse de l'un à l'autre ces liens fins comme la soie, et solides comme l'acier.

Qui peut réellement s'en passer ? Personne. Du nourrisson au vieillard, chacun a besoin de mots tendrement chuchotés, de caresses douces, de petits baisers innocents. Grâce au psychiatre et psychanalyste René Spitz, qui a révélé le syndrome d'hospitalisme, on sait qu'il ne suffit pas aux bébés d'être nourris, changés, lavés, soignés. Ils ont un besoin vital d'être touchés, massés, rassurés, bercés par des bras, des comptines, et des paroles affectueuses, sans lesquels nombre d'entre eux se laissent mourir. Et l'éclairage des neurosciences confirme que, depuis l'enfance, c'est la qualité des contacts affectifs qui va agir sur le développement harmonieux du cerveau. Quant à l'ocytocine, hormone sécrétée en grande quantité lors d'échanges relationnels empreints de tendresse, elle agit comme un puissant anxiolytique.

La bonne nouvelle est qu'il n'est jamais trop tard pour s'en imprégner ! Il suffit de donner un peu de tendresse pour en recevoir. Dans les établissements de gériatrie ou de convalescence, la preuve est faite que la présence autorisée de très jeunes enfants auprès des résidents est un plus considérable dans la récupération, la remotivation, et la vigilance des anciens, et le développement harmonieux des petits.

Patricia

« *Vous vous faites de l'amour une idée un peu simpliste. Ce n'est pas une suite de situations indépendantes les unes des autres. C'est autre chose. Il y a la tendresse constante, la douceur, le manque… Des choses que vous ne pouvez pas comprendre*[38]. » (Françoise Sagan)

Encore, encore, encore… dans vos mots, dans vos gestes et dans vos regards… on en veut encore, et toujours, de cette tendresse qui nous importe, nous porte et nous transporte ! C'est grâce à elle qu'on vous pardonne les petites choses qui nous agacent au quotidien. Même quand vous n'êtes pas à la hauteur de vos ambitions sensuelles, c'est votre tendresse qui nous fait fondre, et nous protège de l'aigreur. Et quand vous nous enlacez, nous caressez, et nous pénétrez particulièrement bien, la tendresse est ce qui poétise une rencontre parfois animale. Elle est ce qui nous rapproche quand la vie

38. Françoise Sagan, *Bonjour tristesse*, Julliard, 1954.

est cruelle, ce à quoi l'on se raccroche quand on se sent laides, et ce qui perdurera quand tout le reste aura disparu. C'est elle aussi qui peint aux couleurs de l'amour, les petites phrases les plus usuelles. « Laisse ton sac, tu es fatiguée, je vais le monter. » « Bien sûr que tu pourras grimper cette colline avec moi ! Tu n'as que 78 ans, ma chérie… » « Fais attention à toi, n'attrape pas froid ! » Nous oublions parfois que vous avez autant besoin que nous de douceur et de tendresse.

La tendresse, c'est notre armoire à pharmacie personnelle : en cas de chagrin intense, avaler trois gouttes de « Depuis que je te connais, ma vie est plus belle ». Pour une bouffée d'angoisse, croquer un comprimé de « Tu me rends heureux », et en cas de grande fatigue, savourer votre main sur notre nuque pour caresser la racine de nos cheveux, et le massage de pieds quand nous sommes fatiguées. C'est très efficace, et sans aucun effet indésirable connu.

Michel

« *L'ironie n'est souvent qu'une pudeur de la tendresse.* » (Étienne Rey)

Honte à nous pour ne pas cultiver ce don-là ! Les seuls moments de tendresse que nous vous accordons sont ceux qui se passent sur l'oreiller, en guise de préambule. Nous savons pourtant que vous adorez ça, que c'est un vrai besoin. En ce cas, pourquoi est-ce qu'on ne vous prend pas plus souvent dans nos bras ? Pourquoi sommes-nous si avares de petits baisers ? C'est de la pudeur, mais pas seulement. La peur du « Qui trop embrasse mal étreint » ? Non plus. Simplement, on n'y pense plus, depuis le jour où on a lâché la main de notre mère pour aller à l'école. On s'est sentis trop grands pour céder aux câlins comme des filles. Cependant, nous pouvons vous confier que, lorsqu'on est loin de vous, on se dit : « J'aurais dû l'embrasser plus, hier… Bon, ce soir, quand elle rentrera ? » Et quand vous rentrez, on a oublié. Pourtant, nous pratiquons volontiers l'amitié et la tendresse à l'extérieur, ce que la psychanalyse nomme le « courant de tendresse » (rappel de l'amour reçu dans l'enfance), et nous réservons le « courant érotique » pour la maison, avec le sexe passionnel, et les conflits assortis. Pourquoi ne pas devenir pour vous à la fois amants fougueux et amis tendres en toute conjugalité ? Parce que nous avons lu la phrase du renard au petit prince : « On risque de pleurer un peu si l'on s'est laissé apprivoiser[39]. » Alors, mélanger amour et amitié, tendresse et sexe, ça risque de nous rendre dangereusement dépendants d'une seule personne, et nous craignons aussi que la tendre amitié remplace le désir amoureux. Nous avons tort, car elle le complète, en inhibant le sentiment de solitude qui s'insinue quand le désir s'estompe. D'ailleurs, quand vous nous sentez

39. Antoine de Saint-Exupéry, *Le Petit Prince*, Reynal and Hitchcock, 1943.

délaissés, en manque de tendresse, au lieu d'attendre que nous la quémandions, vous pourriez commencer par nous en donner, car nous en avons besoin aussi, même sans le savoir !

N'hésitez pas à nous réclamer le bisou dans le cou, celui qui vous donne de l'énergie pour la soirée, tandis que vous préparez le dîner pour les petits monstres… N'hésitez pas, surtout, à nous le donner, sans vous vexer si l'on fait semblant d'être agacé… Insistez, recommencez, ainsi ces gestes tendres deviendront-ils pour nous de plus en plus naturels et instinctifs. Vous verrez alors une petite lumière s'allumer au-dessus de notre tête. Surtout si vous nous dites oui chaque fois qu'on vous aura fait « la tendresse avant l'amour » !

Vagin

« *J'aime une femme qui rit. Il semble alors que son vagin remonte jusqu'à sa bouche, en vrillant, comme certaines fusées de feux d'artifice.* » (Henry de Montherlant)

Organe génital féminin situé entre la vessie et l'urètre en avant, et le rectum en arrière. Ce conduit musculaire et membraneux de 8 à 12 centimètres de profondeur fait communiquer le col de l'utérus et les organes génitaux internes avec la vulve, organe génital externe. Ses fonctions sont multiples : organe de la relation sexuelle chez la femme, il est aussi la voie de passage des sécrétions provenant du col utérin, des règles, et du bébé pendant l'accouchement. Voilà, en résumé, pour ceux qui auraient raté les cours de sciences de la vie !

Tout en creux, il est l'étui, le récepteur, donc le complémentaire de la verge de l'homme. Bien des mythes, légendes et textes anciens cultivent l'hypothèse d'un être autrefois parfait – les âmes sœurs, citées par Platon dans la légende d'Aristophane – que les dieux auraient divisé en deux principes : mâle et femelle. Ces moitiés se cherchent longtemps avant de se reconnaître et, enfin s'unir pour former un tout. Le vagin reste attaché à l'image du réceptacle par excellence, tandis que la verge de l'homme symbolise la pénétration en réponse au vagin.

Parler du vagin implique d'évoquer ce qui en facilite l'accès : sa lubrification, sans laquelle la pénétration deviendrait une quête douloureuse dans un gouffre sec et inhospitalier. Au repos, les parois vaginales sont humidifiées en permanence par du plasma issu du sang qui irrigue la muqueuse, et la vulve est lubrifiée légèrement par les sécrétions des glandes vestibulaires. Sous l'effet de l'excitation sexuelle, les glandes de Bartholin, en bas des petites lèvres, se contractent en sécrétant un peu de mucus, qui s'ajoute à celui sécrété par les glandes sébacées et sudoripares. L'afflux de sang dans le bas-ventre entraîne une augmentation de la pression sanguine dans le circuit veineux des parois vaginales, ce qui provoque une hyperproduction de liquide onctueux. D'où l'importance de votre participation active à la lubrification de cet organe, contre lequel s'allongent les dix à quinze centimètres des racines du clitoris.

Patricia

Cette partie de notre anatomie nous questionne tant que la dramaturge féministe américaine Eve Ensler lui a consacré une pièce, Les Monologues du vagin, créée en 1996, traduite en plus de quarante langues, et jouée dans plus de cent trente pays. Cette béance humide qui va jusqu'au plus profond de nous-mêmes nous rend vulnérables. Le fait que vous puissiez y pénétrer par effraction nous fragilise plus encore. C'est la toute première prise de pouvoir des hommes sur des femmes, dès que la violence se substitue à l'amour (guerre, violence conjugale, viol...). Cela nous terrorise au point que, dans certaines situations, le fait d'en être pourvue bride notre liberté pour nous empêcher de prendre des risques.

À certains moments de notre vie, la lubrification est plus difficile à obtenir. Les causes peuvent être une maladie, un traitement médical, une vaginite, la ménopause qui, par la diminution d'œstradiol et du flux sanguin vaginal, altère la vie sexuelle des trois quarts d'entre nous, en rendant les rapports douloureux. Or, si les hydratants et lubrifiants vaginaux nous apportent un confort appréciable, ils peuvent ne pas suffire ; nous devons alors consulter un médecin qui prescrira des crèmes ou des comprimés vaginaux.

Nous faisons de notre mieux pour vous accueillir, sauf en cas de vaginisme, qui rend la pénétration impossible et nécessite souvent un suivi thérapeutique. Nous attendons de vous que vous fassiez preuve de patience lors des préliminaires, ou de compréhension lorsque nous invitons un petit ingrédient lubrificateur à nos ébats. C'est à ce prix que la relation peut rester agréable. Nous sommes nombreuses à avoir le vagin moins élastique après nos accouchements, ainsi que, parfois, une légère incontinence urinaire. La perspective de ne plus « maintenir » agréablement votre pénis peut nous complexer, et nous décourager. Mais la rééducation périnéale est à notre portée, et très efficace, n'en déplaise aux fabricants de protections urinaires !

Heureusement, dans la plupart des cas, la pénétration nous est douce, et vous accueillir dans notre corps est un véritable bonheur. Il arrive même que la plénitude ressentie soit si intense, que nous redoutons que vous n'éprouviez trop rapidement le besoin, ou l'obligation physiologique, de vous séparer de nous, sans vous douter du sentiment d'expropriation éprouvé. Sachez toutefois que, contrairement aux idées (que vous avez) reçues, ce n'est pas un endroit de notre corps qu'on aborde sans préparation.

Michel

Ah celui-là ! On aime le nid douillet ! C'est notre refuge, cette salle de jeux au climat tropical où l'on passerait bien nos vacances. C'est « la crèche » où nous déposons régulièrement, en toute confiance, nos millions de spermatozoïdes qui seront pourtant inlassablement repoussés.

Le vagin est complexe. Sentez-vous, messieurs, la différence de texture entre la paroi qui est vers le ventre et celle qui se trouve derrière ? Et le fameux point G (référence au gynécologue allemand Ernst Gräfenberg, premier à étudier cette zone particulière du vagin) qui n'est en rien un point, mais une zone rugueuse que gonfle le désir (info route : au bout de l'index sur la zone proche de vous quand vous êtes face à la dame) ?

Ensuite, avez-vous déjà « joué » très délicatement avec cette boule qu'on sent dans le fond du vagin, le col de l'utérus ? Ah, notre âme d'explorateur ! Ce vagin, nous le détestons quand il nous trompe, nous l'aimons quand il nous reçoit, et nous l'admirons quand il laisse passer cet être mille fois plus gros que notre pénis : bébé !! Là, on se sent ridiculement petit !

Votre ménopause… Notre andropause… Le temps nous rend moins réactifs, mais c'est une simple explication pour comprendre la diminution de vos sensations vaginales, pas une excuse ! Ondulez du bassin, enlacez-nous de vos bras, de vos jambes, soyez tentaculaires, ça nous encouragera à faire, comme vous, de notre mieux…

Vieillesse

« *Descendu des plateaux de phonos/ Poussé en bas/ Par des plus beaux des plus forts que moi/ Est-ce que tu m'aimeras encore ?* » (Alain Souchon, « Quand j'serai KO »)

Le soir de sa vie, on ne l'imagine pas, on ne veut pas le voir, ou bien on s'en fait une idée fausse tant que l'on ne l'a pas atteint. Parfois, on est déjà dans la vieillesse sans s'en être rendu compte… Les réseaux sociaux en attestent. Malgré la tendance « cougar », les rencontres qui aboutissent sont rarement celles d'un homme jeune avec sa compagne beaucoup plus âgée. Analyser les demandes sur les sites de rencontre est d'un grand enseignement : les hommes de soixante ans cherchent des femmes de quarante à cinquante, parfois même plus jeunes. C'est rarement le cas des femmes de soixante ans, qui aimeraient pouvoir espérer un homme de leur âge.

Certain.e.s s'efforcent de lutter contre tous les signes extérieurs annonciateurs de l'inexorable, au moins pour se soustraire à la férocité des regards : le leur et celui des autres. Lorsque la vieillesse est une question d'âge, c'est celui, variable, où le corps et le cerveau ne travaillent plus de concert, où le cerveau ordonne vainement au corps, où le corps ne reçoit plus l'impulsion du cerveau. Lorsqu'il s'agit d'un état, c'est un renoncement. On peut être vieux à tout âge, quand le « à quoi bon ? » précède chaque tentative d'agir, ou de projeter, et prendre pour de la vieillesse une profonde dépression.

Être vieux, c'est n'avoir plus l'envie d'avoir envie. L'on peut donc ne jamais être vieux vraiment. Peu importe l'aspect un peu chiffonné, c'est d'avoir trop ri, trop bougé, trop vécu ; les rides sont le maquillage de l'esprit. Vieillir est un privilège, une belle aventure, si c'est sans rancune.

Patricia

« *Le cœur n'a pas de rides, il n'a que des cicatrices* », assurait la grande Colette.

Ces cicatrices, nous les voyons chaque jour dans notre miroir, sur notre visage, notre corps, et nous les ressentons dans notre cœur. Nous vous questionnons parfois, mais vous ne connaissez qu'un millième des doutes qui nous assaillent quotidiennement. Ce nouveau pli sous les yeux, cette peau fripée, et lâche sous les bras, ce ventre que nous n'arrivons plus à cacher. Certes, vous avez perdu vos cheveux, et votre ventre non plus n'est plus de la première jeunesse, mais cela ne semble pas vous affecter. Votre horloge biologique est très différente de la nôtre, et que nous ayons trente-cinq ou soixante-dix ans, nous avons depuis toujours le sentiment que la pendule tourne plus vite pour nous que pour vous. Tic-tac, tic-tac, il ne nous reste que... vite, vite, trouver l'âme sœur, vite, vite, chercher un père pour nos enfants à venir... Se séparer à trente-quatre, trente-cinq, trente-six ans, à quel âge allons-nous sauter sur le premier venu, pour ne pas perdre de temps ? Et sera-t-il prêt pour notre projet de procréation, lui qui est moins assujetti au temps ?

Nous nous sentons vieilles beaucoup plus tôt que vous. Malgré les peintures, les teintures et les restaurations que nous effectuons de plus en plus souvent (vous aussi, d'ailleurs, ce qui laisse à penser que vous n'êtes pas aussi tranquilles que vous en avez l'air), nos questions vous semblent absurdes. Vous tentez de nous rassurer, mais nous sommes terrorisées à l'idée de ne plus être l'objet du désir de personne. Sortir du champ de la séduction nous est insupportable. Il y a un énorme décalage entre notre perception intérieure et ce que nous renvoie le regard des autres.

Nous naviguons vers des petits deuils de mobilité et de limite d'âge : « Est-ce que vous serez encore là quand personne ne se retournera plus sur notre passage ? Est-ce que nous serons aussi radieux et aussi forts que ces deux-là, aux cheveux blancs, qui se promènent dans les rues en se tenant encore par la main ? Est-ce que vous accepterez de nous tenir dans vos bras ? De nous dire encore que nous sommes désirables ? De le penser, surtout, alors que le miroir nous criera le contraire ?

Est-ce que les mots d'amour précieux que vous nous murmurez le soir nous aideront encore à nous endormir quand le sommeil nous aura quittées ? »

Ou bien serez-vous ailleurs, même allongé près de nous, en train de rêver à une nouvelle vie, avec une autre femme qui vous fera croire qu'on peut vivre plusieurs fois ? À moins que les petites querelles ne se soient peu à peu transformées en une haine farouche ou, pire encore, en absolue indifférence… Connaissez-vous la même terreur ? Sans doute, vous vieillissez différemment, mais nous sommes tellement prisonnières de votre regard !

Michel

Nous ne savons pas que nous vieillissons. Ne nous parlez pas de ce que nous ne comprenons pas, et qui ne nous concerne pas : « Tu ne mûriras donc jamais ! », c'est le plus beau des compliments. Non, jamais nous ne deviendrons adultes. Et un enfant, ça ne vieillit pas ! C'est vrai, il y a des petits plis sur notre corps, de l'embonpoint au-dessus de notre ceinture, du gris à nos tempes… pas grave, puisque vous nous assurez que ça vous charme, que ça vous sécurise. Chez vous, en revanche, il y a des détails qui ne nous trompent pas. Ces rides autour des yeux, ce menton et ce cou qui tombent un peu, ces séances chez le coiffeur, pour faire vos racines, ce relâchement fessier, et cette poitrine qui ne tiendrait plus aussi bien sans le soutien-gorge. Bon, c'est comme ça ! Vous, vous vieillissez ; nous, nous nous bonifions ! Voilà pour les taquineries d'usage. Mais en sortant de la douche, quand on croise dans le miroir ce bonhomme un peu flou qu'on peine à reconnaître, drapé dans trop de peau, épaules un peu tombantes et mollets mollassons, on vous envie, Mesdames nos compagnes ! Ceux d'entre nous qui préfèrent chercher « la petite jeune » après la quarantaine savent ce qu'ils y trouveront, sans savoir ce qu'ils y perdent…

Virilité

« *Le privilège masculin est aussi un piège et il trouve sa contrepartie dans la tension et la contention permanentes, parfois poussées jusqu'à l'absurde, qu'impose à chaque homme le devoir d'affirmer en toute circonstance sa virilité.* » (Pierre Bourdieu)

Les hommes, en se socialisant, n'ont pas tardé à associer aux attributs masculins les qualités qu'ils auraient développées « par la force des choses ». Ainsi, l'homme serait plus actif, énergique, courageux, vaillant, etc., que la femme. En réalité, la virilité est une affaire entre gens du même sexe. À la fin du XIXe siècle, les duels à l'arme blanche étaient une pratique courante dans les universités ; le risque d'en mourir n'était rien, en regard de la balafre que tout bretteur voulait obtenir : la cicatrice (si possible sur la joue pour mieux l'exhiber), qui représentait pour les jeunes gens le plus beau des trophées.

Cette volonté de dominer d'autres hommes, puis les femmes, est très ancrée dans la « culture humaine ». Cette construction, qui, par sa capacité à procréer, fait de l'homme un héros disposant d'une grande puissance sexuelle, est une fable qui fait souffrir les hommes et les femmes, en les maintenant dans des postures caricaturales. Les hommes s'efforcent d'être à la hauteur de leur image idéale ; les femmes s'y soumettent, ou se battent pour ne pas être pénalisées par cette virilité dominante qui tient à ses privilèges. Il y a beaucoup de chemin à parcourir, avant que les hommes ne se féminisent suffisamment pour comprendre les femmes, et réciproquement.

Patricia

Nous vous en demandons beaucoup. De vous, nous attendons tout : de la tendresse sans mièvrerie, de la compréhension sans complaisance, de la liberté dans nos choix, mais de voler à notre secours si un malotru nous importune. Et certes nous sommes compliquées, et votre virilité en prend souvent un sérieux coup, car notre héros tant admiré (vous) ne peut déchoir dans notre esprit ! En plus de vos qualités, nous vous en prêtons d'autres, héritées de nos lectures ou de notre imaginaire, c'est pourquoi nous sommes si désemparées quand vous ne les montrez pas.

Votre voix, qui nous murmure des choses tendres au milieu de la nuit, nous fait craquer ! La tonalité, la sonorité, la musicalité, tout, dans cette voix d'homme, contient le meilleur et le pire, la promesse d'une nuit sans fin, ou celle d'une querelle qui va virer au cauchemar. Le mieux parfois, serait peut-être que vous « cassiez la voix » comme dans la chanson de Patrick Bruel : c'est tellement viril ! Voix sourde un peu rauque ? Nous voici lascives…

Il semblerait aussi que plus vous êtes petits (nous parlons de votre stature bien sûr…), plus vous auriez besoin de vous affirmer de façon virile… Vos poils, symbole de virilité par excellence, ne semblent pas vous gêner ; même si la calvitie gagne un grand nombre d'entre vous, votre virilité n'est pas mise en doute. Rassurez-vous, vos poils ne nous rebutent pas non plus ; ils nous rappellent votre côté animal, et même, avouons-le sans vergogne, ce côté grand mâle velu suscite parfois en nous des élans insoupçonnés ! Bien sûr, point trop n'en faut… En effet, certains d'entre vous feraient bien de prendre discrètement rendez-vous dans un salon de beauté.

En ce qui concerne notre pilosité, qui vous gêne parce que vous la trouvez trop virile, ne poussez pas trop loin le bouchon du caprice en étant de plus en plus nombreux à exiger que nous retrouvions notre sexe imberbe de petite fille. Cela nous rapprocherait dangereusement de la poupée gonflable, et vous du pédocriminel ; or le fait d'être seul poilu ne vous ferait pas gagner en virilité… De toute façon, la mode évolue, et nous avec elle. De superbes femmes, admirées de vous tous, arborent sans complexe leurs touffes. Et c'est tant mieux, parce que le rasoir, même rose comme un bonbon, nous a écorché cent fois les aisselles et le haut des cuisses. Quant à la cire, une torture ! Enfin, nous redécouvrons que les poils nous protègent des germes, et des microbes.

Finalement, restez tels que vous êtes ; vous nous plaisez beaucoup ainsi, à condition que nous parlions bien de virilité, et non de ce comportement absurde et caricatural qui vous transforme en horribles machos.

Michel

Quand vous regardez béatement un type dans la rue ou dans un film parce que vous le trouvez viril, alors qu'à nos yeux il n'a rien de plus que nous, cela reste un mystère ! L'homme viril ! C'est quoi, au juste, pour vous ? Un mâle bronzé ouvrant largement le col de sa chemise pour exhiber la toison de son poitrail ? Un qui arbore, en plus d'un jean moulant, une barbe de quatre jours, dans le style du baroudeur qui n'a pas eu le temps de s'acheter un rasoir jetable, harcelé qu'il était par une bande de nanas en folie ? Dans la panoplie, ajoutons la moto, pour vous donner l'impression qu'on a une grosse… cylindrée entre les jambes, sans oublier le cuir moulé sur la bête ! Et, pour être conforme à la définition type de l'homme viril : ravalons nos larmes ! Eh bien ! Tout ça, c'est du pipeau.

Nous sommes nombreux à souffrir de cette injonction de virilité, particulièrement dans le cabinet du médecin. Impossible de lui raconter ce qui nous amène là. Si c'est un homme, pas question de lui avouer nos petits tracas, et si c'est une femme, c'est pire. Moyennant quoi, cette virilité factice raccourcit sensiblement notre existence… Ce qu'on peut être c… parfois !

La vraie virilité, c'est celle qui vous donne tout simplement le sentiment d'être avec un homme qui a envie de vous, et envie de vous garder, donc prêt à tout pour ça ! Un homme qui tient son rôle d'homme, votre homme, pas le rôle de votre enfant… Quant à notre voix, certaines femmes y attachent – paraît-il – une grande importance : elles disent parfois qu'elles peuvent être totalement envoûtées par un timbre de voix. Surtout quand elles n'ont pas encore rencontré « en vrai » le médecin, chroniqueur radio-TV aux cordes vocales irrésistibles…

Conclusion

Dans ce livre, nous avons dévoilé un peu, et parfois beaucoup de nous-mêmes, de A à Z. Nous avons interrogé nos familles, nos ami.e.s, nos patient.e.s, et des professionnels pour enrichir nos réflexions. Nous les remercions pour leur confiance que nous espérons ne pas avoir trahie, car nous n'avons rien travesti, ni exagéré des confidences reçues.

Merci à Colette Ollivier-Chantrel, qui a su avec patience réajuster nos envolées lyriques, et partagé nos fous rires.

Merci à Sylvie Delassus, qui a accueilli et traité nos textes avec vigilance et bientraitance.

Que ce livre vous ait fait sourire ou vous ait étonné, si vous y avez découvert le moyen de vivre à deux en harmonie, en confiance et en toute complicité malgré vos dissonances, faites-le-nous savoir. Nous serions si heureux d'apprendre que nous avons, en quelques pages, résolu un problème vieux de plusieurs milliers d'années !

DES MÊMES AUTEURS

Michel Cymes
Hippocrate aux enfers, Stock, 2015
Vivez mieux et plus longtemps, 2016
Votre cerveau, Stock, 2017
Chers hypocondriaques, Stock, 2018

Patricia Chalon
La bientraitance : voir en l'autre ce qu'il y a de meilleur, Marabout, 2008
Mon enfant tape : que dire, que faire, comment réagir ?, Eyrolles, 2013
L'adoption bientraitante, Belin, 2014
Les peurs de l'enfant : comprendre et rassurer, Eyrolles, 2015

Achevé d'imprimer en décembre 2021 par Liberdúplex
Pour le compte des Éditions Marabout (Hachette Livre)
58, rue Jean Bleuzen, 92178 Vanves Cedex
Dépôt légal : Janvier 2022
ISBN : 978-2-501-15976-0
3835545